효과적인 설득을 위한
논리적 글쓰기

차례
Contents

03 독창적인 생각을 펼쳐라 17 배경지식을 활성화하라 29 주제를 명확하게 설정하라 44 조직적으로 구상해 써보라 99 분명하게 진술하고 효과적으로 표현하라

독창적인 생각을 펼쳐라

생각부터 꺼내자

우리가 경험한 세계, 즉 자연현상이나 사회현상은 모두 글쓰기의 재료가 될 수 있다. 따라서 쓸거리는 무한하다고 할 수 있다. 그럼에도 불구하고 우리는 글감을 찾는 데에 많은 시간을 허비한다. 세상에 널려 있는 것이 쓸거리인데, 왜 우리는 '무엇에 대해 쓸 것인가'라는 문제에 골몰하고 있는가?

그 이유는 꺼낼 생각이 축적되어 있지 않기 때문이다. 생각이 없는 사람이 있단 말인가? 그렇지는 않다. 사람은 누구나 생각을 가지고 있다. 누구나 기쁨과 슬픔, 사랑과 미움, 좋

3

고 싫음, 의견과 주장 따위를 지니고 있다. 그런데 왜 꺼낼 생각이 없다고 하는가? 착상(着想)하지 못하고 있기 때문이다. 새로운 생각으로 착상해낼 수 있어야 글을 쓸 수 있다. 누구나 인식하고 있는 뻔한 생각으로는 글을 쓸 수 없다. 독창적인 생각, 새로운 지식 없이 글을 써봐야 독자들을 설득시키거나 감동시키지 못한다.

독창적인 착상은 세상의 모든 현상에 대한 세밀한 관심과 새로운 인식에서 비롯된다. 독창적인 생각을 갖기 위해서는 평소 자신의 경험에서 인상 깊은 것을 포착하고 숙고하는 노력이 필요하다. 세상의 모든 현상을 깊이 있게 성찰하고 자신의 세계관을 확립해야 좋은 글을 쓸 수 있다. 머릿속에 잠재되어 있는 기발한 생각을 떠올려 효과적으로 표현해야 충격과 공감을 줄 수 있는 좋은 글이 된다.

우선 글을 쓴다는 것에 대한 부담이나 두려움을 버리자. '나도 글을 쓸 수 있다'고 생각하자. '대단한 명문장을 구사하지 않아도 된다. 솔직하게 표현하기만 하면 된다'는 생각을 갖자. 글쓰기에 대한 부질없는 열등감이나 과대의욕에서 오는 초조감에서 해방되자. 그리고 깊이 따지면서 많이 생각하자. 생각을 많이 하면 상상력이 풍부해진다. 풍부한 상상력을 동원해 다양하게 따져보아야 참신한 생각을 떠올릴 수 있다. 참신하면서도 여러 사람의 관심과 흥미를 이끌어 공감을 줄 수 있는 생각이 무엇인가를 골똘히 생각하자.

생각을 꺼내는 데는 브레인스토밍(Brain storming)과 마인드맵(Mind map)을 활용할 수 있다. 브레인스토밍은 어떤 특정 문제나 주제에 관해 최대한 여러 가지 아이디어를 끌어내기 위한 방식 중 하나다. 이때에는 아이디어의 질보다 양이 강조된다. 마인드맵은 머릿속에 들어 있는 생각들의 관계를 도형이나 선, 그림 등으로 구조화하는 것을 말한다. 이 방법은 특정 주제와 관련된 개념들 간의 관계를 파악하는 데 유용하다.

[적용하기 1]
'브레인스토밍'을 통해 생각하는 훈련을 해보자. '자신을 소개하기 위한 생각들'을 꺼내 보자. 짧은 시간 안에 가능한 많은 생각을 생성해 옮겨 적어보자.

[적용하기 2]
'자기소개를 위한 생각들'을 관련 있는 것끼리 몇 가지 범주로 다시 묶어보자.

여러 가지로 생각 묶기를 할 수 있을 것이다. 어린 시절, 초등학교 시절, 중학교 시절, 고등학교 시절, 대학교 시절 등으로 묶은 이도 있을 것이고, 성장환경, 성격, 학력, 취미 및 적성 등으로 묶은 이도 있을 것이다. 생각 묶기의 범주에는 다양한 방법들이 있다.

[적용하기 3]
성장환경, 성격, 학력, 능력 등에서 자신의 장점과 단점을 설명하고, 단점을 극복하기 위해 어떤 노력을 기울여야 하는지를 기술해 보자.

[적용하기 4]
자신의 삶에 영향을 준 중요한 경험(인물, 책, 사건 등)을 설명하고, 그런 경험이 장래의 전공 선택과 졸업 후의 진로에 어떤 영향을 줄 것인지에 대해 기술해 보자.

생각을 펼칠 간략한 전략을 세우자

쓰고자 하는 대체적인 내용을 결정했다면, 다음은 그 내용을 어떻게 펼친 것인가 전략을 세워보자. 자료를 조사해 써야 하는지, 관찰해 써야 하는지, 면담 후 써야 하는지, 경험을 살려 써야 하는지, 상상해 써야 하는지 등에 대해 생각해 보아야 한다. 쓰려고 하는 글의 내용에 따라 글쓰기의 전략은 달라질 수밖에 없다.

'자료를 조사해 쓰기'는 글의 목적에 적합한 자료를 조사해 필요한 정보를 추출하고, 추출한 정보와 자신의 생각을 토대로 글을 쓰는 방식이다. 자료를 통해 다양한 생각을 이끌어내야 한다.

'관찰해 쓰기'는 어떤 사물이나 현상을 직접 관찰하면서 느끼고 생각한 것을 중심으로 쓰는 방식이다. 관찰대상이 고정된 사물일 경우 전체에서 부분으로, 부분에서 전체로 관찰하며 기술한다. 관찰대상이 시간의 흐름에 따라 변화하는 사물일 경우, 시간의 순서에 따라 특징을 관찰해 기술해야 할 것이다.

'면담 후 쓰기'는 면담대상을 정해 미리 준비된 질문을 하고, 질문에 대한 답을 바탕으로 글쓰기를 하면 된다. 글을 쓸 때 필요한 충분한 정보를 얻기 위해서는 면담을 위한 구체적인 질문을 미리 준비해 적극적이고 긍정적인 응답을 이끌어내는 것이 중요하다.

'경험 살려 쓰기'는 구체적인 자신의 경험을 떠올려 그때의 느낌이나 생각을 조직화해 쓰는 방식이다. 경험의 폭을 확장해 다른 사람들과 공유할 수 있는 경험을 쓴다면 공감을 이끌어 낼 수 있다.

'상상해 쓰기'는 창의적인 상상을 바탕으로 쓰는 경우이므로, 상상의 범주가 매우 광범위하고 다양하다.

전략이 정해지면 이제 어떻게 해야 할까? 글로 쓰고 싶은 생각의 덩어리를 분류해 모으고 조직화하자. 생각을 결집시켜 범주화하고 계열화해야 조직화가 가능하다.

여기서 '범주화'는 어떤 공통적인 측면이나 요소에 따라 집단으로 묶는 것이고, '계열화'는 논리적 순서에 따라 배열해 보는 것이다. 예컨대 '자기소개'를 성장환경·성격·학력·특기 및 취미·생활철학·현실관 등으로 집단화하면 '범주화'하는 것이고, '장래 계획'을 과제·문제점·해결 방안·기대 효과, 장기·중기·단기, 행위·결과, 고등·대학·대학원 등으로 배열하면 '계열화'하는 것이다.

[적용하기 5]
'환경오염'에 대한 글을 쓴다고 해보자. 이번에는 다음의 그림과 같은 '마인드맵핑(Mind mapping) 전략(방사선이나 나뭇가지, 거미다리 모양 등)'을 활용해 생각을 더 확산시켜 나가자. 일차적으로 생각을 범주화해 보자.

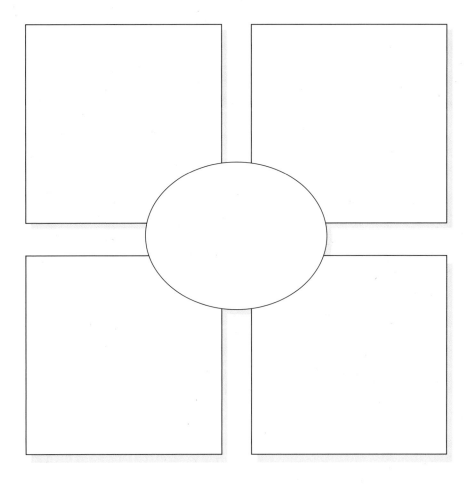

일단 환경오염의 실태, 종류, 문제점(영향), 요인, 해결 방안 등으로 범주화할 수 있을 것이다. 각 범주에 해당하는 생각들을 이런 방식으로 계속 뻗어나가 보자.

[적용하기 6]
'협동학습'을 했던 경험, 즉 '모둠별 프로젝트 수행' 경험을 10분 동안 최대한 빠른 속도로 써보자.

그 다음에는 생각해 낸 것들을 다시 살펴보자. 다음과 같은 것들도 생각했는가? 무슨 작업을 했는가? 언제 그런 경험을 했는가? 어디서 작업을 했는가? 어떻게 작업을 했는가? 왜 모둠작업을 했는가? 모둠의 사람 수는 몇 명이었나? 모둠 작업을 하다가 어떤 일이 벌어졌는가? 비협조적인 사람은 없었는가? 의견 충돌은 없었는가? 비협조적인 사람이 있었거나 서로 의견이 대립되었을 때 어떤 방법으로 해결했는가?

[적용하기 7]
자신이 사회적으로 어떤 역할을 할 것인지에 대해 한 편의 글을 써 보자.

[적용하기 8]
다음의 자기소개서는 인터넷에 떠도는 어느 학생이 쓴 글이다. 이 글을 참고해 〈자기소개서〉 또는 〈학업계획서〉를 작성해 보라.

자기소개서

성장 과정

'삶이란 그렇게 서로의 아픔을 감싸주며 살아가는 것이 아닐까 합니다'

저는 오빠와 12살 터울의 늦둥이입니다. 하지만 자기 할 일은 스스로 해야 한다는 가족 분위기 때문에 응석받이는 되지 못했습니다. 오히려 초등학교 때 친구들은 저를 "(달려라) 하니"라고 불렀습니다. 고집과 악바리 근성 때문이었겠지요. 하지만 사춘기를 거치면서 어느 새인가 사람들과의 관계 속에서 내가 형성된다는 가치관이 생겼습니다. 공감대를 형성하는 작업의 일환으로 저는 고등학교 방송반 PD가 되었고, 저의 생각과 마음을 담아 방송을 만드는 데 열성을 다했습니다.

고3 수능을 마친 직후부터 저는 시간이 날 때마다 도넛 판매점, CD가게, 커피전문점, 일반사무, 과외 등 여러 가지

아르바이트를 했습니다. 사회와 부딪혀보고 싶었고, 부모님의 부담을 덜어드리고 싶었기 때문입니다. 이렇게 다양한 삶의 현장에서 사람들과 만나고 함께 일하면서 모가 난 부분들이 저도 모르게 둥글둥글하게 깎여나간 것 같습니다.

학교생활 및 활동

'열정적인 록밴드 멤버, 학교홍보 도우미, 장학생'

저는 누구보다 활발한 학교생활을 해왔다고 자부합니다. 우선 대학교 1,2학년 때는 록밴드의 키보드 연주자로 활동했습니다. 연습은 정말 고되고 규율도 엄했지만, 그래도 이것이 대학생활 최고의 낭만과 열정이었다고 자부하고 있습니다. '힘든 만큼 재미가 남고 사람이 남는다'라는 말은 경험으로 깨달은 제 나름대로의 진리입니다. 3학년부터는 우리대학 홍보 도우미로 입시설명회, 학생상담, 행사 지원, 화보 촬영 등의 활동을 했습니다. 이 활동을 통해 저의 행동 하나하나가 학교와 학생들에게 얼마나 큰 영향을 미치는지 깨닫게 되었고, 어느 순간 진심으로 학교와 학생을 위해 봉

사하고 있는 저를 발견하게 되었습니다. 물론 공부도 소홀히 하지 않았습니다. 작년 여름에는 이러한 노력과 경험 덕분에 학교에서 모든 경비를 지원받아 방학 동안 어학연수를 다녀 올 수 있었습니다. 외국계 회사에서 인턴 기회를 얻은 것도 이런 활발한 활동을 인정받아서가 아닐까 합니다.

생활신조 및 성격상의 장단점

'흐르는 강물에서는 가만히 서 있어도 뒤처진다'

세상이 변하는데 혼자 제자리에 있는 것은 저에게 죽어있는 것 같은 느낌을 줍니다. 세상과 함께 호흡하며 살고 싶기 때문에 저는 항상 역동적이고 변화에 능동적인 사람이 되려고 노력하고 있습니다. 저의 또 다른 생활수칙은 '작은 일이 모여 큰 일이 된다'입니다. 사소한 것부터 간과하지 말고 꼼꼼히 챙길 때 큰일이 제대로 성사될 수 있다고, 그래야 빛을 바랄 수 있다고 생각합니다.

'투철한 서비스 정신의 화합의 리더'

저는 진심으로 고객을 대하는 '서비스 정신'을 몸에 익히고 있습니다. 1년 동안 홍보 도우미로 활동하고 서비스 교육을 받으며 '고객 감동' 정신을 몸소 체험한 덕분입니다. 그리고 저는 '적극적'이며 '함께 굴러가는 사람'입니다. 특히 6개월간 외국계 회사에서 인턴으로 일하면서 조직에서 함께 생활하는 방법을 배웠고 필요한 Soft Skill과 에티켓을 습득하여 어느 조직에서든 빨리 적응할 수 있는 적응력을 가지고 있습니다.

'그러나 가끔은'

저는 어떤 분위기에나 적응이 빠르고 새로운 사람을 만나는 것을 좋아합니다. 그러다보니 주변에 사람들이 많은 편입니다. 그러나 정말 가까운 친구들은 가끔 제가 멀게 느껴진다고 불평을 하기도 합니다. 그래서 요즘은 일뿐만 아니라 인간관계에서도 소중한 사람을 먼저 챙기려고 자주 안부 문자나 메일을 보내는 등의 노력을 하고 있습니다.

경력 및 특기 사항

'Proactive Communication Skill'

Social Systems Korea에서의 6개월간의 인턴 생활로 저는 학교에서는 배울 수 없었던 진짜 사회생활이 무엇인지를 알았습니다. 특히 외국계 기업의 빠른 업무처리 방식과 조직 간의 Communication 방식, 그리고 적극적으로 일을 찾아서 하는 자세를 배운 것은 회사 생활에서 얻은 가장 큰 성과입니다. 또 인턴들을 위한 Monthly Event를 통해 Presentation Skill, 프로젝트 진행 Skill, Communication 매너 및 에티켓, PR, Marketing 교육 등 실무에 필요한 알찬 교육을 받고 업무에 적용함으로써 회사 생활에 필요한 Soft Skill을 몸에 익혔습니다.

입사 포부

저는 인턴 경험으로 회사 생활, 조직 생활에 더 빨리 적응하고 더 많은 성과를 낼 자신이 있습니다. 저는 회사를 위해 이렇게 노력하겠습니다.

첫째, 항상 고객을 위해 머리를 굽히고, 고객을 위해 생각하겠습니다.

둘째, 튀어나오지 않고 사람들과 어우러져 즐겁게 일하겠습니다.

셋째, 내가 회사에서 얼마나 소중한 존재인지, 회사가 나에게 얼마나 중요한 존재인지를 항상 자각하겠습니다.

배경지식을 활성화하라

자료를 찾아 읽자

쓰고자 하는 글의 포괄적인 범주를 결정했다면 그 다음에
는 어떻게 해야 하는가? 남들과는 다른 새로운 주제나 논점
을 구체적으로 잡아나가기 위해 배경지식의 확대가 이루어
져야 한다. 물론 주제를 뒷받침할 내용을 충실히 채우는 데
에도 배경지식은 활용되어야 할 것이다. 평소의 지식과 경험
만을 바탕으로 글을 쓰면 되지 않느냐고 반문할지 모른다.
그러나 솔직히 말해 우리가 지니고 있는 정보와 경험은 너무
나 얄팍하다. 자신의 배경지식만을 믿고 글쓰기를 한다면 그

글은 빈약해질 수밖에 없다.

　어떤 글을 쓰기 위한 배경지식을 단시간에 보충하는 길은 무엇인가? 관련 자료를 찾아 읽는 것이 최선의 방책이다. 쓰고자 하는 글의 내용 구성에 도움이 될 만한 자료를 폭넓게 구해 읽고, 필요한 정보를 추출해내야 한다.

　자료를 찾아 읽고 글쓰기를 하라는 말이 기존의 자료들을 그대로 베끼거나 단순히 혼합하라는 말은 아니다. 탐색된 정보를 충분히 섭렵해 새로운 지식으로 창출해내야 한다. 창의적인 재구성은 이미 존재하고 있는 정보들을 조합해 또 다른 새로운 형태로 만들어내는 행위다. 기존의 정보를 충분히 습득한 뒤에 그것을 응용하고 발전시켜야 새로운 지식이 생성된다.

　읽기에는 두 가지 방식이 있다. 하나는 '수동적인 읽기'이고, 다른 하나는 '능동적인 읽기'이다. 독서의 태도나 방식에서 이 둘은 정반대의 의미를 지닌다. 두 가지 읽기 가운데서 어느 쪽을 택하느냐에 따라 얻는 것이 달라진다.

　'수동적인 읽기'는 글쓴이가 이끄는 대로 책 속에 빠져 그 논지(論旨)를 그냥 받아들이는 독서 방식이다. '능동적인 읽기'는 글쓴이와 맞서서 글쓴이의 논지를 따지고 비판하면서 논란을 벌이는 독서 방식이다. 책을 읽는 목적이 무엇인가에 따라 책의 내용에 빠져서 읽을 수도 있고, 책의 내용을 따지면서 읽을 수도 있다. 수동적인 자세로 읽을 때는 자료 속에서 새로운 지식을 얻거나 신기한 경험을 하는 데서 만족한다. 읽고 나서 정신적인 성장을 했다고 여긴다. 글쓴이가 이끄는 대로 따라다니는 것이 당연하다고 생각한다. 글쓴이의 생각에 공감하고 감화되면 보람을 느낀다. 능동적인 자세로 읽을 때는 글쓴이가 하는 말을 그대로 받아들이지 않고, 타당성을 따지며 반론을 제기하려고 한다. 글쓴이의 설득에 감복하지 않고 문제점을 찾아내어 시비를 건다. 글쓴이의 생각을 통해 자신의 생각을 개발하고 구축하는 데 도달해야 만족하게 된다.

글쓰기에 필요한 배경지식을 얻기 위해서는 능동적인 읽기를 해야 한다. 기존 지식의 소비를 위한 독서가 아니라 새로운 지식의 생산을 위한 독서가 요구된다. 읽는 데서 그치는 독서가 아니라 쓰기를 위한 독서가 필요하다.

[적용하기 1]

다음 글은 어느 기자가 '밸런타인데이'에 대한 견해를 드러낸 글이다. 능동적인 자세로 읽고, 논리적 타당성이나 문제점을 따져 보기로 하자.

올해도 2월 14일을 맞아 젊은 청춘남녀를 위시해 청소년,

직장인들 사이에 초콜릿 주고받기 열기가 뜨겁다. 서울과 대구 등 대도시 주요 대형백화점에 따르면 밸런타인데이를 앞두고 하루 평균 초콜릿 매출량이 800만~1천만 원대에 이른다고 한다. 대한민국에서 한 해 동안 판매되는 초콜릿의 절반이 밸런타인데이에 팔려 나간다고 하니, 가히 '광풍(狂風)' 수준이라 하겠다.

누구나 알다시피, 밸런타인데이는 우리 고유의 풍습이 아니라 외국에서 물 건너온 수입품이다. 사실 외국에서도 왜 사랑을 고백하는 이날 연인들이 초콜릿을 주고받게 됐는지 정확한 기원을 알아내지 못하고 있다. 다만 지난 18세기 유럽과 북미 지역에서 초콜릿이 뛰어난 사랑의 미약(媚藥)으로 널리 명성을 떨쳐 이를 주고받는 풍습이 생겼다고 한다.

지난 1970년대 일본의 초콜릿 상인들이 미국에서 이 풍습을 들여와 초콜릿 판매를 위한 상술로 포장했으며, 현재 우리나라의 밸런타인데이는 이를 직수입한 것이 분명하다.

제과 전문가들에 따르면 초콜릿은 심리적인 의미만 있는 것이 아니라 과학적으로 구애(求愛) 효과가 있다고 한다. 초콜릿에는 페닐에틸라민(PEA)이란 화학물질이 함유돼 있는데, 이것은 인간의 두뇌에서도 발견되는 자연 물질로 두뇌의 쾌락 중추를 자극해 기분을 바꿔준다는 것이다.

그러나 귤이 바다를 건너면 탱자가 되고, 미국이 기침을 하면 한국은 독감에 걸린다는 시중의 농담처럼 밸런타인데 이가 애초의 지순한 본질을 넘어 철저히 상술에 넘어가고 있다.

심지어 이번 밸런타인데이를 맞이해 오늘 오후 7시 30분 경에는 경기도 용인의 한 캠프에서 '초콜릿 난장파티'로 명 명된 파티가 열린다고 한다. 이 자리에서는 남녀 각 50명씩 100명이 초콜릿으로 가득 찬 수영장에 몸을 담근 채 초콜 릿을 서로 집어던지는 난타(亂打), 초콜릿 총싸움, 초콜릿 조각전 등을 벌인단다.

물론 젊은이들끼리 청춘의 혈기로 이 같은 행사에 참가 할 수도 있고, 이런 행사를 기획하는 것 자체도 도덕적으로 비난할 일만은 아니다. 하지만 초콜릿 회사들의 마케팅 전 략으로 생겨난 밸런타인데이가 우리 것으로 승화되지 못하 고 계속해서 감각적인 사랑 문화와 과소비 문화로 부추겨 지는 데 문제가 있지 않을까.

　　　　　　　　　　　　　　　　　　－ 홍창진, 「밸런타인데이」

이 글의 주제는 무엇인가? 글쓴이가 주장하는 핵심은 무 엇인가? 무엇을 말하려고 하는가? 글쓴이는 오늘날 유행하 는 밸런타인데이가 우리에게 수입되어 감각적인 사랑 문화와 과소비 문화를 부추기고 있다고 주장한다. 그렇다면 그 주장의 근거는 무엇인가? 논거는 타당한가?

글쓴이는 순수했던 밸런타인데이가 상업적으로 이용되어 본래의 의의를 상실했다고 한다. 밸런타인데이의 유래를 찾아보고, 본래의 의의를 찾아보라. 상업적으로 이용되고 있는 사실을 증명할 수 있는 충분한 근거가 제시되었는가? 충분하지 않다면 여러분이 이 글을 보완해 보라. 어떤 근거를 더 찾아 넣어야 할지 생각해 보자.

그리고 좀 더 생각해 보자. 지나친 상업주의에 빠져 순수한 본질을 왜곡하고 과소비를 부추긴다면 어떻게 되는가? 절약이 최고이며 소비는 무조건 잘못된 것인가? 적절한 소비는 생산을 가져오고, 기술의 발전을 가져오지 않는가? 우리의 휴대전화 문화가 우리의 휴대전화 기술을 발전시켰고, 국가 경제에 상당한 도움을 가져왔다. 그럼 초콜릿은 어떤 구실을 했는가? 여러분의 생각을 꺼내어 보자.

글쓴이가 말한 밸런타인데이의 본질적인 의의는 좋은 것인가? 구애의 성취를 위해 쾌락 중추를 자극하는 약물을 상대방 몰래 투여한다는 생각은 해보지 않았는가? 여러분은 어떻게 생각하는가?

이와 같이 자료를 능동적으로 읽게 되면, 여러분은 읽기 자료가 정보 습득으로서의 의의만을 갖지는 않는다는 사실을 깨달았을 것이다. 찾아 읽은 자료가 새로운 의문을 불러일으켜 새롭고 깊이 있게 생각하게 만든다는 사실, 쓰고자 하는 글의 논점을 구체화하고 그 논점을 충실히 펼칠 수 있도록 해준다는 사실을 알게 됐을 것이다. 이렇게 해서 또 다른 지식이 생성된다는 사실을 터득하게 됐을 것이다.

[적용하기 2]
'밸런타인데이'에 대한 자료를 더 찾아 읽고, 자신의 견해를 드러낸 한 편의 글을 써 보자.

새로운 관점으로 다시 보자

좋은 글을 쓰기 위해서는 모든 자료, 즉 자연현상이나 사회현상에 대한 평소의 지식이나 경험을 깊이 통찰해 원리를 이해하고 새롭게 적용해 보는 발상의 전환이 필요하다. 누구나 생각할 수 있고, 누구나 알고 있는 평범한 내용을 나열한 글은 성찰이 없는 글이다. 신선한 생각을 펼친 글이야말로 독자를 감동시킬 수 있다.

새로운 시각으로 바라보면 새로운 세계가 나타나는 법이다. 사고의 경직성이나 고착성에서 벗어나 자유자재로 유연하게 생각하자. 시각을 달리해 세상을 바라보고 능동적으로 사색해 보자. 의문을 제기하고, 한 차원 높은 시각으로 바라보려고 노력하자. 다양한 각도로 세상을 바라보면서 꼼꼼히 이치를 따져보자. 바라보는 시각을 달리 하면 결과가 달라진다. 새로운 안목이 터질 것이다. 고정관념이 깨지고 생각이 넓어져 새로운 진실이 드러나는 창조를 맛볼 것이다.

　모험적인 상상을 하는 것이 유익하다. 창의성은 생각하는 힘인 상상력에서 시작된다. 해악을 끼치지 않는 범위 내에서 엉뚱한 생각을 해보고, 그 생가에 도취되어 보자. 주어진 관습의 틀에 맞추어 조심스럽게 모범적으로 사고하는 사람은 창조를 할 수 없다. 상식의 틀을 깨뜨려라. 규범적인 사고에서 벗어나 사고의 반란을 도모하자. 엉뚱한 생각 때문에 사고(事故)를 치는 행동이 유발될 수도 있다. 상상이 때로는 공상에 그치고 망상이 될 수도 있다. 그러나 사고(思考)의 과정에서 생기는 시행착오를 두려워하지 말자. 사고(事故)뭉치가 사고(思考)뭉치로 발전하는 두뇌 혁명을 가져와 창조적인 사고를 싹트게 할 것이다

[적용하기 3]

다음은 무엇을 그린 그림인가?

다양한 각도에서 살펴야 한다. 검은 색 부분을 중심으로 바라보고, 흰색 부분을 중심으로 바라보라. 바라보는 시각에 따라 다른 그림이 보일 것이다.

[적용하기 4]

『삼국지』에 이런 이야기가 나온다. 공명 제갈량은 한(漢)나라 유비의 신하였고, 그의 친형 제갈근은 오(吳)나라 손권의 신하였다. 오나라에서 제갈량의 비범함을 알고 제갈근을 시켜 제갈량이 오나라를 섬기도록 회유하라고 하였다. 명령을 받은 제갈근은 동생 제갈량이 묵고 있는 역관으로 찾아가 형제간의 회포를 푼 후, 제갈량에게 어떻게 말했을까 생각해 보자. 형 제갈근은 동생 제갈량을 찾아가 다음과 같이 말했다고 한다.

"옛날의 백이와 숙제는 비록 수양산 아래서 굶어 죽었으나 그래도 형제 두 사람이 한 곳에 있었다. 그런데 지금 너와 나는 한 부모에게서 태어나 같은 젖을 먹고 자랐으면서도 각기 섬기는 주인이 다르니 아침저녁으로 만나볼 길이 없구나. 저 백이와 숙제의 입장에서 본다면 실로 부끄러운 일이 아니겠느냐?"

형제가 같은 주인을 섬기면 좋지 않겠느냐는 완곡한 회유의 말이다. 실제로 이런 경우를 당하면 참으로 곤란할 것이다. 그것도 오랫동안 떨어져 있던 그리운 형제이고, 또 청하는 쪽이 형이고 보면 아우의 입장에서는 더욱 그렇다. 물론 거절을 해야 하나 그 명분이 문제인 것이다. 무턱대고 거절할 수는 없지 않은가! 여러분이라면 어떠한 명분으로 형의 말을 거절하겠는가?

　　생각해 보았는가? 서로 뜻이 다르니 형제간의 정리(情理)는 생각할 필요가 없다고 하면서 거절할 것인가? 더 합당한 명분은 무엇인가? 오나라가 아니라 한나라를 섬기면 어떻겠느냐고 해야 하는데, 그 명분을 어디서 찾을 것인가? 제갈량은 이렇게 대답했다. 여러분들의 생각과 비교해 보자.

　　"형님께서는 정(情)으로 말씀하시나 저는 의(義)로 말하려 합니다. 형이나 저는 다 같이 한나라의 사람이고 유황숙께서는 한실(漢室)의 종친이십니다. 만약 형님께서 오나라를 떠나 저와 함께 유황숙을 섬기신다면 위로는 한의 신하로서 부끄러울 것이 없고, 아래로는 형제가 함께 모이게 되니 또한 아름답지 않겠습니까? 그렇게 되면 정과 의를 모두 보전할 수 있게 될 것입니다."

형인 제갈근이 거꾸로 유비에게 오라는 말이었다. 제갈근은 혹 떼러 갔다가 혹 붙인 격이 되고 말았다. 여기서 우리는 제갈량이 하나의 현상을 여러 시각에서 보는 탁월한 안목을 지니고 있음을 엿볼 수 있다. 이처럼 시각을 달리하면서 하나의 시각보다 동시에 여러 시각으로 현상을 파악했을 때 문제가 해결될 수 있는 길이 열린다.

[적용하기 5]

우리가 쉽게 깨뜨리지 못하고 있는 고정관념을 몇 가지 말해 보자.

주제를 명확하게 설정하라

주제를 분명히 확정하자

풍부한 배경지식을 활용해 쓰려고 하는 대체적인 생각, 잠정적 주제를 결정했다면 그 다음 단계로 주제를 분명하게 확정해야 한다. 지은이가 그 글을 통해 나타내려고 하는 중심 생각을 '주제'라 한다.

주제를 잘 전달하기 위한 효율적인 작업은 무엇일까? 주제문을 구체적으로 작성해 보는 것이다. 주제를 명제 형식의 문장으로 표현할 때, 이를 '주제문'이라 한다. 주제문은 글의 구체적인 전개 방향과 집필 태도를 드러내어 글 전체의 윤곽을 예상하게 해주어야 한다.

주제를 어느 정도로 구체화할 것인가 또는 얼마나 한정할 것인가의 문제는 글을 쓰는 이의 관점이나 경험의 깊이 및 넓이에 따라 다르다. '사랑은 아름답다'라는 것도 하나의 주제문이 될 수 있지만, 이는 지나치게 추상적이다. 이보다는 '물신주의 시대에 정신적인 사랑은 무한한 가치를 지닌다'라는 주제가 훨씬 구체적이고 한정적이어서 의미 전달이 쉬워진다.

[적용하기 1]
'출산율 저하 현상의 요인'이라는 주제를 주제문으로 만들어 보자.

'우리나라 출산율 저하 현상은 출산 의욕 감소 때문이다'라는 주제문을 완성했다고 가정하자. 이는 결과와 원인의 관계를 구체적으로 드러내지 못한 주제문이다. 얼마나 모호한가? 더 구체화시켜 보자. 주어부의 결과에 대한 서술어부의 요인을 더 구체적으로 분석하는 것이 좋다. 출산 의욕 감소의 요인에는 어떤 것들이 있는가 생각해 보자.

출산 의욕 감소의 요인으로는 1차적으로 교육비 부담, 육아 부담, 가치관 변화 등을 진단해 낼 수 있을 것이다. 2차적으로는 '교육비 부담'에서 이상 교육 열풍, 학벌 중시 풍토 등을, '육아 부담'에서는 보육 시설 취약, 보육 서비스에 대한 불신 등 보육 기반의 취약을, '가치관 변화'에서는 자녀관과 결혼관의 변화, 여성의 자아실현 욕구 증대 등을 지적할 수 있다. 이외에도 고용 불안정으로 인한 결혼 지연이나 불투명한 장래에 대한 불안의식으로 인한 출산 지연 등을 출산율 저하의 원인으로 파악할 수 있다.

이러한 분석을 통해 '우리나라 출산율 저하 현상은 교육비의 부담, 육아 부담, 가치관 변화 때문이다'라는 주제문을 이끌어 낸다면 구체성을 띠게 된다. 주제문을 이렇게 구체화시켜 놓고 보면 주제문이 글쓰기의 방향을 예고해 주고, 글쓰기가 한결 쉬워진다는 사실을 알 수 있다.

[적용하기 2]
다음 글을 읽고, 다음 각 물음에 응답해 보자.

천하에 두려워할 만한 자는 오직 백성뿐이다. 백성은 물·불·범·표범보다도 더 두렵다. 그런데도 윗자리에 있는 자들은 백성들을 제멋대로 업신여기며 모질게 부려먹는다. 도대체 어찌 그러한가.

무릇 이루어진 일이나 함께 기뻐하면서 늘 보이는 것에

얽매인 자, 시키는 대로 법을 받들고 윗사람에게 부림을 받는 자는 항민(恒民, 온순한 백성)이다. 이들 항민은 두려워할 만한 존재가 아니다. 모질게 착취당하며 살이 발겨지고 뼈가 뒤틀리며, 집에 들어온 것과 논밭에서 난 것을 다 가져다 끝없는 요구에 바치면서도 걱정하고 탄식하되 중얼중얼 윗사람을 원망하거나 하는 자는 원민(怨民, 원한을 품은 백성)이다. 이들 원민도 반드시 두려운 존재는 아니다. 자기 모습을 푸줏간에 감추고 남모르게 딴 마음을 품고서 세상 돌아가는 것을 엿보다 때를 만나면 자기의 소원을 풀어보려는 자가 호민(豪民, 살림살이가 넉넉하고 세력 있는 백성)이다. 이들 호민이야말로 두려운 존재다.

호민은 나라의 틈을 엿보다 일이 이루어질 만한 때를 노려 팔뚝을 걷어붙이고 밭이랑 위에서 한 차례 크게 소리를 외친다. 그러면 저 원민들이 소리만 듣고도 모여드는데, 함께 의논하지 않았어도 그들과 같은 소리를 외친다. 항민들 또한 살길을 찾아 어쩔 수 없이 호미자루와 창자루를 들고 따라와 무도한 놈들을 죽인다.

진나라가 망한 것은 진승과 오광 때문이고, 한나라가 어지러워진 것은 황건적 때문이다. 당나라 때에도 왕선지와 황소(黃巢)가 기회를 탔는데, 끝내는 이 때문에 나라가 망했다. 이 모두 백성을 모질게 착취해 제 배만 불렸기 때문이니, 호민들이 그 틈을 탄 것이다.

하늘이 사목(司牧)을 세운 까닭은 백성을 기르려고 했기 때문이지, 한 사람으로 하여금 위에 앉아 방자하게 흘겨보며 골짜기 같은 욕심이나 채우려고 한 것은 아니었다. 그런즉 그러한 짓을 저지른 진·한 이래의 나라들이 화를 입은 것은 마땅한 일이었지, 불행한 일은 아니었다.

고려 때에는 백성들로부터 받아들이는 것에 한도가 있었고, 자연의 이익을 백성들과 함께 누렸다. 장사꾼에게는 그 길을 열어 주고 쟁이들에게도 혜택을 주었다. 또 수입을 헤아려 지출을 하였기 때문에 나라에 쌓아 놓은 것이 있었다. 갑자기 큰 전쟁이나 국상이 있더라도 따로 백성들로부터 거두는 적은 없었다. 다만 말기에 와서는 삼공(三空, 흉년이 들면 사당에는 제사를 못 지내고, 서당에 학생이 없으며 뜰에는 개가 없다)을 염려하였다.

우리 조선은 그렇지 못하다. 얼마 안 되는 백성을 거느리고도 신을 섬기는 일이나 윗사람을 받드는 예절은 중국과 같다. 백성들이 세금을 다섯 몫쯤 내면 관청에 돌아가는 것은 겨우 한 몫이고, 나머지는 간사한 자들에게 어지럽게 흩어진다. 또 나라에 쌓아 놓은 것이 없어서 무슨 일이 일어나면 한 해에 두 번이라도 세금을 거둬들인다. 고을의 사또들은 이를 빙자해 키로 물건을 가려내면서(이물질이 들어있는지 검사해 가면서) 가혹하게 거둬들이기에 끝이 없다. 그러므로 백성들의 시름과 원망이 고려 때보다도 더 심하다.

그런데도 윗사람들은 태평스럽게 두려워할 줄 모르고, '우리나라에는 호민이 없다'라고 말한다. 불행히도 견훤이나 궁예 같은 사람이 나와 몽둥이를 휘두르면 근심과 원망에 가득 찬 민중들이 따라가지 않는다고 어찌 보장하겠는가? 기주·양주의 육합의 반쯤은 발을 꼬고 앉아 (속수무책으로) 기다리게 될 것이다.

백성을 다스리는 자가 이런 두려운 형상을 훤히 알아 느슨한 활시위를 바로잡고 어지러운 수레바퀴를 고친다면 그래도 나라는 유지할 수 있을 것이다.

― 허균의 「호민론(豪民論)」

1) 허균이 말하고자 하는 주제를 말해 보자.

2) 오늘날의 정치 부패 현상을 분석해 보고, 정치인들이 갖추어야 할 요건이나 부패 현상에 대한 해결책에 관한 글을 쓴다고 가정해 보자. 그리고 쓰고자 하는 글의 주제를 설정해 보자.

제재와 소재를 찾아 정리하자

구체적인 주제를 확정했다면 이 주제를 드러내기 위한 근거로서의 소재를 찾아 정리해야 한다. 글 전체를 대표하는 중심적인 자료를 '제재'라고 한다. 그리고 제재를 이루는 여러 가지 요소들을 '소재'라고 한다.

소재들은 출처가 분명하고 객관적이어야 한다. 그렇지 않으면 거짓이 된다. 특히 다른 사람이 쓴 글을 반박하거나 자신의 주장을 강하게 펴고자 한다면 근거가 분명한 소재를 선택해야 할 것이다.

주제와 관련된 여러 자료들을 읽거나 주제의 분석적 검토를 통해 가능한 한 많은 정보를 모아야 한다. 자료나 지식이 많을수록 설득력 있는 주장을 제기할 수 있는 가능성이 높아진다는 사실을 잊지 말자.

[적용하기 3]

다음 글을 쓴 이의 주장을 입증하기 위한 구체적인 소재들을 찾아보자.

언어에는 그 언어를 사용하는 민족의 사고가 반영되어 있다. 독일의 철학자 훔볼트(Humboldt)는 한 민족의 사고

방식이나 세계관이 다른 민족의 그것과 차이가 나는 까닭
은 각 민족이 쓰고 있는 언어구조에 차이가 있기 때문이라
고 주장했다. 언어가 다르면 그것을 사용하는 사람들의 사
고방식도 다르다는 것을 의미하는 것이다. 따라서 국어에
는 한국인의 사고가 반영되어 있다.

언어와 사고의 관계를 규정하고 있는 글이다. 그렇다면 한
국어에는 우리 민족만의 독특한 사고가 반영되어 있다는 사
실을 입증해낼 사례를 찾아야 한다.

예컨대 "국어에는 '그래서, 그러므로, 그러니까' 등의 인과
관계를 진술하는 언어가 발달된 것으로 보아 인과논리에 대
한 사고가 발달되어 있다"라든가, "국어에서 '우리 집, 우리
마누라' 등 '우리'를 앞세우는 것으로 보아 개인보다는 집단
을 우선시하는 사고가 지배적이다"라고 할 수 있을 것이다.
또 "서양에서는 결혼하면 여자의 성이 상실되고 남자의 성을
따라 부르는데, 우리나라의 경우 남자 쪽에서는 시집온 여자
의 태생지명을 따서 '풍양댁, 풍양 어른' 등으로 부르고, 여자
쪽에서는 시집간 집안의 성을 따서 '김실이, 박실이' 등으로
부른다." 이런 호칭어를 통해 볼 때, 서양과 비교해 우리는 어
떤 사고구조를 지녔다고 말할 수 있는가? 이런 사례를 더 찾
아보자.

[적용하기 4]

다음 글에서 글쓴이가 자신의 주장을 드러내기 위해 글의 제재나 소재로 어떤 것들을 이용하고 있는지 찾아보고, 그것이 얼마나 타당한 것인지 토론해 보자.

미래를 맞을 준비를 하려면, 물론 먼저 미래가 어떤 모습을 할지 짐작해야 한다. 그런 짐작이 정확할수록, 준비는 알차게 될 것이다. 근년에 21세기 인류 사회의 모습을 예측하려는 노력이 그렇게 많았던 것은 그런 사정 때문이다.

그러나 미래를 예측하기는 무척 어렵다. 미래 사회의 구체적 모습은 특히 짐작하기 어렵다. 우리가 미래를 예측하기 위해 할 수 있는 것은 추세들을 외삽(外揷)해서 몇 분야들의 대체적 모습을 그려 보는 것뿐이다. 그나마 추세의 외삽은 그것이 많은 경우 그리 믿을 만한 것이 못 된다. 이 세상엔 직선적으로 변하는 현상들이 드물기 때문이다.

인류의 미래가 어떤 모습을 하든, 미래에는 지식이 지금보다 훨씬 더 중요해지리라는 점만은 분명하다. 이용 가능한 지식은 빠르게 늘어나고 있을 뿐 아니라 늘어나는 속도 자체가 가속되고 있다. 자연히 지식을 다루는 기술도 점점 중요해지고 있다. 실제로 지식을 다루는 기술은 이미 개인에게나 사회에게나 생존에 결정적 영향을 미치고 있다. 지식 산업의 갑작스러운 출현과 발진은 이 사실을 가리키는 또렷한 징후다.

안타깝게도 우리 사회는 지식의 생산과 소비에서 상당히 뒤떨어졌다. 더욱이 우리의 결정적 취약점은 우리가 이미 모습을 드러내기 시작한 '지구 제국'의 변두리에 자리 잡았다는 사정이다. 정보와 지식은 제국의 중심부에서 대부분 생산되고 유통되고 소비된다. 따라서 우리 사회로서는 중심부에서 생산되는 지식을 효율적으로 흡수하는 것이 중요하다. 생존에 필수적일 만큼 중요하다.

이런 사정은 지금 우리 사회에서 정보와 지식의 유통에 장애로 작용하는 것들을 걷어내는 일을 요구한다. 문명이 발전하면 문명의 중심부와 변두리 사이의 '지식의 물매'는 점점 싸진다. 지금 우리 사회와 중심부인 서양 사이에 있는 지식의 물매는 무척 싸다. 그러나 지식의 유입을 막는 장애들 때문에 실제로 우리 사회에 들어오는 정보들과 지식들은 아주 적다. 그나마 제때에 들어오지도 못한다.

그런 장애들은 경제 분야의 보호무역 장벽에서부터 문화 분야의 국수적 장벽에 이르기까지 다양하다. 그런 장벽들은 예외 없이 그것들에서 이득을 얻는 집단들에 의해 끊임없이 보수되고 높아진다. 그리고 민족주의적 성향의 지원을 얻어, 그런 장벽들은 거의 언제나 당연하고 사회에 이로운 것으로 선전된다. 그것들의 정체와 그것들이 끼치는 해악들을 널리 알리는 일은 긴요하다.

정보와 지식의 교류를 막는 기술적 장벽을 낮추는 방책들도 마련되어야 할 것이다. 세계적 표준으로 채택된 것들은 우리도 채택해서, 그것을 전환할 경우 들게 되는 큰 비용을 줄이는 일이 긴요하다.

지금 그런 기술적 장벽들 가운데 가장 큰 비용을 강요하는 것은 언어다. '지구 제국'이 나타나면서 국제어의 필요성은 부쩍 커졌고, 현대에 세력이 가장 컸던 영어가 자연스럽게 그 자리를 차지했다. 언어는 사람의 삶에서 워낙 기본적인 도구이므로, 영어를 잘 쓰는 능력은 이제 모든 사람들에게 중요한 기술이 되었고 그 기술에서의 조그만 차이도 결정적 중요성을 지니게 되었다.

그런 사정을 반영해서 지금 우리 사회는 영어를 잘 쓰는 기술에 큰 투자를 하고 있다. 비록 그런 투자는 대부분 개인들에 의해 자발적으로 이루어지지만, 그 규모는 무척 크다. 아쉽게도 그런 투자의 효율성은 그리 높지 않다. 그런 투자를 효율적으로 만드는 사회적 기구들이 너무 부족하기 때문이다.

그런 사회적 기구들 가운데 가장 중요한 것은 영어를 공용어로 삼는 일이다. 영어가 공용어가 된다면, 개인들의 단편적 투자가 훨씬 큰 효과를 낼 수 있을 것이다. 이미 영어를 공용어로 삼은 나라들이 거두는 혜택들은 많고 크다. 단편적인 예를 하나 들면, 그런 나라들에선 CNN이 세계의 소식들을 실시간으로 알려주지만, 우리 사회의 텔레비전들은 그것들 가운데 일부만을 아주 압축해서 방영한다. 비록 작지만, 그런 차이들이 모인 장기적 효과는 결코 적지 않다. 시민들이 영어를 더 잘 듣고 말하는 것만이 아니라 나라 밖 사정에 대한 시민들의 안목까지 영향을 받을 것이다. 이젠 우리 사회에서도 영어를 공용어로 삼는 일을 진지하게 논의할 때가 되었다.

물론, 영어를 공용어로 삼는 일은 지금 우리의 감정에 너무 거슬린다. 우리말이기 때문에, 개인적으로 상당한 손해를 보더라도 우리는 우리말을 아끼고 써야 한다는 주장에 심정적으로 동의하지 않을 사람이 과연 몇이나 되겠는가? 그러나 자연스러운 것이 늘 합리적인 것은 아니다.

이미 이 땅에 태어난 사람들은 모두 조선어에 큰 투자를 했다. 물질적으로만이 아니라 감정적으로도. 그런 사람들이 아주 큰 값을 치르더라도 조선어를 쓰겠다고 하는 것은 당연하고 합리적이다. 그러나 아직 태어나지 않은 세대들까지 미리 그런 판단으로 구속하는 것이 옳을까? 그들에게 국제어인 영어와 민족어인 조선어 가운데 자신들의 삶에 나은 것을 모국어로 고르도록 하는 것이 합리적이지 않을까?

이 물음에 대해 그들도 조선어를 쓰도록 하는 것이 당연하다고 선뜻 답변하는 사람들에게 나는 간단한 사고 실험을 해볼 것을 요청한다. 만일 막 태어난 당신의 자식에게 영어와 조선어 가운데 하나를 모국어로 고를 기회가 주어진다면, 당신은 자식에게 어느 것을 권유하겠는가? 한쪽엔 영어를 자연스럽게 써서 세상의 모든 사람들과 쉽게 어울리고 일상과 직장에서 아무런 불이익을 보지 않고 영어로 구체화된 많은 문화적 유산들과 첨단 정보들을 쉽게 얻는 삶이 있다. 다른 쪽엔 조상들이 써온 조선어를 계속 쓰는 즐거움을 누리지만 영어를 쓰는 것이 힘들고 괴로워서 다른 나라 사람들과 어울리는 것을 기피하고 평생 갖가지 불이익을 보고 힘겹게 세상 사람들과 경쟁해야 하는 삶이 있다. 당신은 과연 어떤 삶을 자식에게 권하겠는가? 아예 그에게서 선택권을 앗겠는가? 당신의 자식은 아직 조선어를 배우고 쓰지 않아서 조선어에 대한 심리적 투자가 없고, 자연히 조선어에 큰 애착을 지니지 않은 터에?

영어를 공용어로 삼으면 우리의 전통적 문화가 해를 입으리라는 주장도 있다. 이것은 언뜻 보기에 그럴 듯하고 많은 동조자들을 얻을 주장이지만, 그 근거는 아주 부실하다. 전통과 문화는 그것들이 사람들이 살아가는 방식에 영향을 미치는 한도에서 뜻을 지닌다. 만일 우리 전통과 문화가 우리 후손들에 의해 국제어로 구체화된다면, 그것들은 지금 조선어로 구체화된 것보다 훨씬 많은 사람들에 의해 향유될 것이고, 자연히 훨씬 큰 활력을 지닐 것이다. 그렇게 되면 우리 민족은 하나로 통합된 인류 문명을 이루고 발전시키는 데서 정당한 우리 몫을 할 것이다. 지금 우리 문화가 과학이든 예술이든, 과연 인류 문명에 얼마나 큰 공헌을 하고 있는가?

'박물관 언어'가 된 우리 민족어를 배우고 연구하는 학자들은 늘 나올 터이므로, 조선어로 구체화된 우리 전통과 문화에 우리 후손들이 접근하지 못할 위험은 거의 없다. 지금 우리 시민들 가운데 한문을 제대로 배운 이들은 얼마 되지 않으며, 더욱이 실상 젊은 세대들에선 한자를 제대로 아는 사람들도 드물지만, 한문으로 구체화된 우리 문화유산들을 우리가 그리 어렵지 않게 대할 수 있는 것과 마찬가지다.

언어는 도구다. 언어가 사람에게 아무리 중요하다고 해도, 그리고 모국어가 우리에게 아무리 소중하다고 해도, 언어가 도구라는 사실은 바뀌지 않고 그것을 우상으로 떠받드는 것이 비합리적이라는 사실은 오롯이 남는다.

외국 문물의 유입에 대한 장벽을 낮추는 일은 언제나 거센 민족주의적 반발을 불러 온다. 농산물 시장을 여는 일이 맞은 저항은 이 점을 잘 보여 주었다. 언어가 민족주의에서 핵심적 지위를 차지하므로, 영어를 공용어로 삼는 일은 특히 거센 반발을 불러올 것이다.

이렇게 보면, 우리 사회의 거센 민족주의를 다스리는 일은 21세기를 맞는 과정에서 핵심적 조치라는 것이 드러난다. 실제로 우리에게 가장 어려운 과제는 민족주의가 거의 비적응적 형태가 된 지금 우리 사회의 거센 민족주의적 성향을 어떻게 다스리느냐 하는 것이다. 독도 문제에서 보듯, 우리 사회에선 국수주의적 주장들이 칭송을 받고 합리적 주장들은 거센 비난을 받는다. 실은 민족주의적 감정을 불러 오는 문제들에 대해서는 차분한 논의조차 어렵다.

민족주의적 열정은 어느 사회에서나 '위험한 불'이다. 작은 사회들에선 특히 위험한 불이다. 그 불을 다스리는 일에서의 성공 여부는 우리 사회의 발전에 결정적 영향을 미칠 것이다. 그리고 그 어려운 일은 자유주의 지식인들의 용기 있고 끈질긴 노력을 요청한다.

 – 복거일, 『국제어 시대의 민족어』 중에서

조직적으로 구상해 써보라

구상 개요는 자세할수록 좋다

글을 쓰려면 건축에서처럼 짜임새 있는 설계도가 필요하다. 글을 쓰기 위한 밑그림부터 그려야 하는 것이다. 글의 설계도나 밑그림을 '구상'이라 하고, 구상의 결과로 얻어진 글의 짜임새를 '구성'이라 한다. 미리 구상부터 하고 글을 쓰면 어떤 점이 이로운지 구체적으로 살펴보자.

첫째, 글의 통일성을 얻어낼 수 있다. 구상한 것을 전체적으로 조망할 수 있으므로 빠지는 부분과 넘치는 부분을 다듬어 글의 전체적인 일관성을 얻어낼 수 있다.

둘째, 각 단락의 긴밀성을 유지할 수 있고, 강조할 부분을 더 잘 드러낼 수 있도록 도와준다. 단락의 긴밀성이 떨어지면 글의 초점이 흐려져 주제를 선명하게 드러낼 수 없다.

셋째, 드러낼 생각들을 미리 하나하나 따져볼 수 있어서 보다 자세하고 깊이 있는 글을 쓸 수 있도록 도와준다.

우리 머릿속에 떠오른 주제의 알맹이로부터 점차 뼈대를 세우고 살을 붙여 나아가는 것이 글쓰기의 과정이라고 할 때, 이 뼈대를 짜임새 있도록 갖추기 위해서는 구상을 도식화해 기록해 보는 것이 매우 효과적이다. 이를 '구상 개요'라 하는데, 생각들의 질서를 잡아가는 일은 구상 개요를 작성함으로써 가능해진다.

구상 개요는 '구상 메모→화제식 개요 →문장식 개요'의 단계로 작성한다. '구상 메모'란 쓸거리에 대해 떠오르는 생각을 순서 없이 간단히 메모한 것을 말한다. '화제식 개요'는 구상 메모를 기초로 해 펼칠 내용을 화제(주제나 글감)별로 배열·정리한 단계다. '문장식 개요'란 화제식 개요를 좀 더 구체화해 주제문으로 작성하는 단계다.

구성은 단락들을 배열하는 행위라고 생각하면 쉽게 이해할 수 있다. 한 편의 글은 여러 단락들의 결합으로 이루어지므로 이들을 아무렇게나 늘어놓아서는 제값을 발휘하지 못한다. 글의 짜임새를 완벽하게 갖추기 위해 한 편의 글을 몇 단계로 구성할 것인지를 미리 고민해야 한다.

'3단 구성법'은 문단의 배열을 '서론-본론-결론' 또는 '도입-전개-정리'로 전개하는 구성이다. 가장 간결하면서도 기본적인 구성 방법이다.

'4단 구성법'은 글의 짜임을 '기-승-전-결' 혹은 '도입-전개-전환-결말'로 전개시키는 방식이다. 여기서 기와 결은 3단 구성의 서론과 결론에 맞먹는 것이며, 본론을 승과 전으로 나누었다는 점이 다르다. 3단 구성으로 글을 쓰다보면 서론에서 본론으로, 본론에서 결론으로 넘어가는 부분에서 논리의 비약이나 자료의 빈곤을 느낄 수 있다. 그리고 성급한 결론에 도달했다는 생각이 들기도 한다. 이럴 때 서론과 본론의 전환을 좀 더 자연스럽게 하고, 본론에서 결론으로의 진입을 원만히 하기 위해 본론을 앞뒤로 나누어 쓸 수 있다.

논리적 글쓰기에서 단락을 배열할 때, 기에서는 문제 제기, 승에서는 문제의 원인, 전에서는 문제에 대한 해결책, 결에서는 앞으로의 전망이나 과제를 제시하는 글쓰기가 일반적으로 유용하다.

'5단 구성법'은 '흥미 유발-문제 제기-문제의 해명-해명의 구체화-요약·결의·전망·행동화 촉구'의 단계나 '문제 제기-초래되는 문제점-문제의 원인-대처 방안-전망이나 의의'의 단계 등으로 글을 구성하는 방식이다.

[적용하기 1]

다음 예문을 참고해 우리나라 공교육의 문제점과 개선 방향에 대해 자신의 주장을 드러내기 위한 글을 쓰려고 한다. 대체적인 구상 메모를 작성해 보자.

제　　목 : 출산율 감소

주 제 문 : 출산율 감소의 결과와 원인을 분석해 대책을
　　　　　세워야 한다.

구상 메모 :

　○ 출산율 감소 현상

　○ 출산율 감소로 초래되는 문제점

　○ 출산율 감소의 원인

　○ 출산율을 높이기 위한 대책

우리나라 공교육 현장에서 일어나는 일들을 논의의 방향에 관계없이 자료를 모아야 한다. 그러면서 자신은 어떤 견해를 가지고 있는지 스스로 확인해야 한다. 우선 우리나라 공교육의 문제점, 공교육의 정상화를 위한 정부의 노력, 공교육이 나아갈 방향 등을 생각해낼 수 있을 것이다. 이제 보기와

같이 화제식으로 구상 개요를 작성해 보자.

제   목 : 출산율 감소

주 제 문 : 출산율 감소의 결과와 원인을 분석해 대책을
            세워야 한다.

구상 개요 :

   ○ 도입 단락 : 출산율 감소 현상의 실태

   ○ 전개 단락 1 : 출산율 감소로 초래되는 문제점

   ○ 전개 단락 2 : 출산율 감소의 원인

   ○ 정리 단락 : 출산율을 높이기 위한 대책

이러한 구상 개요를 더 구체화시켜 이번에는 화제식과 문장식을 아울러 구상 개요를 완성해 보자.

제　　목 : 출산율 저하 현상의 문제점과 해결 방안

주 제 문 : 출산율 감소의 결과와 원인을 분석해 대책을
　　　　　세워야 한다.

구상 개요 :

　도입 단락 : 출산율 저하 현상의 실태

　　○ 우리나라는 출산율 감소에 따른 고령화 현상이 심
　　　각하다.

　　○ 출산율이 급속하게 낮아져 최근 1.16명까지 떨어
　　　졌다.

　전개 단락 1 : 출산율 감소의 문제점

　　○ 성장 동력이 약해져 경제성장력을 둔화시킬 것이다.

　　○ 생산가능인구의 감소와 고령화의 가속화로 생산성
　　　이 떨어진다.

　　○ 노인 부양 부담이 늘어날 것이다.

　전개 단락 2 : 출산율 감소의 원인

　　○ 자녀 양육비 및 교육비의 증가에 따른 부담이 늘
　　　어났다.

○ 보육 시설 취약 등으로 여성의 취업과 육아를 병행
  하기 어렵다.

○ 자녀관, 결혼관, 가족관 등 가치관의 변화가 일어
  났다.

○ 경기침체 및 고용불안정으로 인해 결혼과 출산을
  지연하는 경향이 있다.

○ 불투명한 장래에 대한 불안의식이 팽배해 있다.

전개 단락 3 : 출산율을 높이기 위한 대책

○ 적령기 결혼과 출산을 위한 바람직한 환경을 조성
  해야 한다.

○ 자녀 양육 및 교육 부담을 경감시킬 수 있는 지원
  책을 마련해야 한다.

○ 여성의 자아실현과 육아를 동시에 할 수 있는 육
  아 인프라 구축이 필요하다.

○ 자녀관, 결혼관 등 가치관 전환을 위한 사회문화
  조성이 필요하다.

정리 단락 : 당위성을 강조

다음은 어느 학생이 작성한 구상 개요다. 여러분이 짜낸 것과 비교해 보고, 다시 다듬어 보라.

제　　목 : 우리나라 공교육의 문제점과 개선 방향

주 제 문 : 공교육은 교육경쟁력을 지니면서도 인간성 교육을 위한 방책을 수립해야 한다.

구상 개요 :

도입 : 우리나라 공교육의 문제점

○ 교육 정책의 일관성이 없다.

○ 학교의 다양화된 특성이 없고, 선택권도 없어서 다양한 인재를 양성할 수 없다.

○ 대학 입시 위주의 교육을 실시함으로써 인간성 교육이 사라지고 있다.

○ 획일화된 주입식 암기 교육으로 창의성 교육이 이루어지지 않고 있다.

전개 : 공교육을 위한 노력

○ 사교육비 절감을 위한 제도 개선에 노력하고 있다.

○ 다양화, 특성화된 학교 형태 및 학습프로그램을 개

발하고 있다.

○ 학급 정원을 점차 줄이고 있다.

○ 의무교육을 점차 확대해 나가고 있다.

○ 교육 시설을 개선해 나가고 있다.

정리 : 공교육이 나아갈 방향

○ 모든 국민이 헌법에 보장된 교육받을 권리를 가질 수 있도록 국가 예산에서 교육비의 비중을 늘려야 한다.

○ 공교육의 수월성과 다양성을 지향해 교육경쟁력을 지니면서도 인간성 교육을 위한 방책을 수립해야 한다.

[적용하기 2]

다음과 같은 주제를 드러내기 위해 구상 개요를 완성해 보자.

○ 고등학교 학업 성적이나 수능시험 성적이 대학 수학 결과에 반드시 비례하는 것은 아니다.

○ 고등학교 학업 성적이나 수능시험 성적은 대학 수학 결과와 밀접한 관련이 있다.

위에 제시된 주제를 잘 드러내기 위해서는 몇 가지 작업이 선행되어야 한다. 우선 자신의 경험을 객관적으로 정리해야 한다. 다음으로 사회에서 활동하고 있는 사람들의 증언을 들어보고, 각종 언론에 보도된 내용들을 모아본다. 그 다음으로 확보한 자료들을 일정한 순서에 의해 나열한다. 이때 동일한 자료를 가지고 구상 개요를 적더라도 자료의 배열 순서에 따라 글의 내용이 달라질 수 있음을 알아야 한다. 예를 들어 긍정적 자료-부정적 자료의 순으로 배열하면 전체적인 내용은 부정적인 것이 될 것이고, 부정적 자료-긍정적 자료의 순으로 배열하면 내용은 긍정적이 된다.

한 단락씩 써보자

단락쓰기는 어떻게 하나?

단락이란 무엇이며, 단락을 왜 나누는가? 내용과 형식이 잘 조화된 글에서는 문장이 몇 개 이어지다가 행이 바뀌는 것을 볼 수 있다. 처음에 한 칸의 공백을 두고 새 행이 시작되어 다음 새 행이 시작되기 직전까지를 단락(段落, paragraph)

이라 한다. 행을 바꾸어 단락을 구분하는 것은 거기서부터 새로운 생각이 시작된다는 것을 알려 독자로 하여금 글의 내용을 좀 더 명료하게 이해하도록 하려는 조처다. 한 덩어리의 생각을 적당한 길이의 단락으로 표현할 때 읽는 이들도 분명히 이해하게 되는 것이다.

단락은 어떤 통일된 생각을 담은 문장들의 모임이다. 몇 개의 관련 있는 문장이 모여 한 덩어리의 완결된 생각을 드러내고, 한 덩어리의 생각이 곧 하나의 단락을 이룬다. 바꾸어 말하면, 하나의 단락은 하나의 중심생각으로 집약되어야 한다. 단락의 중심생각은 글의 주제와 구별해 흔히 소주제(小主題)라 한다. 소주제를 완결된 문장으로 진술하면 중심문장 또는 소주제문이 된다. 단락의 주제를 분명하게 드러내기 위해 동원된 문장은 뒷받침문장이다. 따라서 하나의 단락은 중심문장과 이를 뒷받침하는 문장들로 구성된다. 중심문장이 글쓴이의 주장이나 의견, 일반화된 원리를 드러낸다면, 뒷받침문장은 주장이나 의견에 대한 근거나 이유, 일반화된 원리를 설명해 줄 수 있는 구체적인 사실이나 정보를 드러낸다.

우리 민족은 전통문화의 바탕 위에 이웃 문화를 흡수하여 고유한 문화를 만들어갔다. 우리 민족의 문화는 다른 민족의 문화에 동화되지 않았다. 그것은 다른 민족의 문화에 대해 배타적이기 때문이 아니고, 고유한 특성을 가지고 있기 때문이다. 이웃의 문화를 흡수하여 자기의 것으로 삼는 데 게으르지 않았기 때문이다. 한민족의 이웃에 있으면서 고도의 문화를 가진 것은 중화민족이었다. 두 민족의 교섭은 아득한 옛날부터 있어왔음에도 불구하고, 중국문화에 예속되지 않고, 우리의 고유한 문화를 꽃피워 왔던 것이다. 특히 미술에서 우리 고유한 특성은 매우 잘 드러난다. 이는 우리 민족이 고도의 중국문화를 적극적으로 받아들여 더욱 발전시켰다는 단적인 근거가 된다.

여기 제시한 단락에서는 뒷받침하는 문장들이 '우리 민족은 전통문화의 바탕 아래 이웃의 문화를 흡수하여 고유한 문화를 만들어 갔다'라는 중심문장의 내용 아래 잘 집중되어 있다. 뒷받침문장은 소주제문을 구체화시키면서 논리적인 연결로 얽혀 한 단락을 이룬다. 통일성과 연결성을 확보한 단락쓰기의 본보기로 충분하다.

[적용하기 3]
도로변에 설치한 광고판에 대해 자신의 의견(나쁜 점, 좋은 점 등)을 전제하고, 몇 가지 이유를 제시하는 글을 하나의 단락으로 써 보라.

어떤 제안이나 자기 생각을 먼지 중심문장으로 제시하고, 이를 뒷받침하기 위해서는 타당성 있는 두세 개의 근거를 제시하면 된다. 이때 제시할 이유의 순서를 먼저 정해야 한다. 더 중요한 것에서 덜 중요한 것으로 나아가는 것이 좋다. 다음의 글을 참고해 자신의 글을 다듬어 보자.

> **(중심문장)** 국도를 따라서 설치된 광고판은 철거되어야 한다. **(연결문장)** 내가 국도 주변의 광고판이 철거되어야 한다고 생각하는 데는 세 가지 이유가 있다. **(뒷받침문장)** 첫째, 나는 광고판이 보기에도 지저분하고, 도로 주변의 아름다운 자연경관을 해친다고 생각한다. 둘째, 광고판은 운전사들의 눈을 혼란케 하여 교통사고를 유발할 위험이 있다고 생각한다. 셋째, 국민들의 세금으로 운영되는 국도가 개인 기업의 이익을 도모하기 위한 수단으로 이용되어서는 안 된다고 생각한다.
>
> - Kathleen E. Sullivan

[적용하기 4]

앞에서 자신의 의견을 뒷받침하기 위해 제시한 근거 가운데 하나를 다시 한 단락으로 확장하고, 결론에 해당하는 한 문장을 덧붙여 한 단락의 글을 써보자.

글을 확장하는 단계에서는 제시한 의견을 예증하거나 자세히 설명해야 한다. 어떤 구성 방법을 택하든 최대한 확장해 상세하게 전개해야 한다. 다음의 글을 참고해 나머지 의견에 대해서도 한 단락으로 확장시켜 보자. 제안한 의견이 셋이라면, 주요 골격이나 논의 부분을 이루는 세 단락이 완성된다.

(**중심문장**) 광고판은 보기에도 지저분하고, 도로 주변의 아름다운 자연경관을 해친다. (**논의**) 우리가 공해에 시달리고 시간에 쫓기는 도시 생활에 염증을 느껴 잠시 도시 탈출을 결심했다고 치자. 우리는 해방감과 휴식을 기대하며 차를 타고 시골의 정취를 찾아 멀리 여행을 떠날 것이다. 여행 도중에 조용한 시골 풍경의 아름다움을 즐기기 위해 길가에 차를 세운다. 그때 우리의 눈에 먼저 다가오는 것은 무엇인가? 바로 대형 광고판이다. 어떤 것은 석유통에 더러운 휘발유 기름이 뚝뚝 떨어지는 그림이고, 어떤 것은 거대한 빵 조각이 큰 접시 위에 놓여 있는 그림이며, 또 어떤 광고판은 제품명을 크게 써서 화장지를 선전하고 있다. 이와 비슷한 무수한 광고판들이 우리가 기대했던 시골 풍경을 대신하고 있는 것이다. (**결론**) 결국 광고판은 도로 주변의 아름다운 자연경관을 감상하려던 우리의 기분을 망쳐 놓고 만다.

                          - Kathleen E. Sullivan

한 편의 글로 완성하기 위해서는 서론과 결론에 해당하는 두 단락이 더 필요하다. 이렇게 해서 만들어진 다섯 개의 단락을 합치면 '국도변 광고판의 문제점은 무엇인가?'라는 제목의 짧은 글이 완성될 것이다.

[적용하기 5]
'고등학교 자율학습은 (폐지, 존속)되어야 한다'를 중심 문장으로 삼아 한 단락의 글을 완성해 보자.

단락의 내용을 어떻게 펼쳐 놓지?

① 시간적 배열과 공간적 배열

'시간적 배열'은 시간의 흐름에 따라 단락의 내용을 전개하는 구성법을 말한다. 역사나 행동의 기록 등에 적합한 구성법이다. 시간적 배열은 반드시 '과거-현재-미래'로만 전개하는 것은 아니다. 강조하기 위한 내용이 무엇이냐에 따라 '미래-현재-과거'로 시간을 역전시켜 진술하는 배치도 가능하다. 아니면 현재를 기준으로 해 과거로 갔다가 다시 현재를 거쳐 미래로 나아가는 방법도 있다.

소설 『감자』는 김동인의 단편소설로, 복녀란 여인이 가난한 환경 때문에 점차 타락 생활로 빠져들다가 마침내 비참한 최후를 맞게 된다는 이야기다. 유교적인 가정에서 엄하게 자란 복녀는 가난 때문에 나이 많은 남편에게 팔려왔으나 남편의 게으름으로 이농해 평양성 안에서 막벌이를 하며 살아간다. 하지만 그것조차 여의치 않아 칠성문 밖 빈민굴로 밀려 나온 복녀는 구걸을 하며 생계를 꾸려가다가 송충이잡이 일을 나가게 된다. 여기서 열심히 일하지 않고도 일당을 버는 길이 몸을 파는 일이라는 사실을 알게 된 복녀는 마침내 감독에게 처음으로 몸을 판다. 그런 일이 있은 후, 동네 여인들의 매음을 짐승이나 하는 짓으로만 여기던 복녀는 돈만 생긴다면 상대를 가리지 않고 매음을 일삼는다. 그러다가 중국인 왕 서방의 밭에서 감자를 훔치다가 들켜 왕 서방과 정사를 맺고 결국은 왕 서방의 정부가 되면서 살림살이가 그런대로 풍족해진다. 그런 상황에 왕 서방이 장가들게 된다는 사실을 안 복녀는 질투심 때문에 왕 서방에게 낫을 들고 대든다. 그러나 왕 서방에게 낫을 빼앗긴 복녀는 결국 비참한 최후를 맞게 된다. 다음날 한방 의사가 지켜보는 가운데 왕 서방과 복녀 남편의 타협이 이루어져 복녀의 시체는 공동묘지에 묻힌다.

공간적 배열은 공간적 순서에 따라 단락의 내용을 전개하는 구성법을 말한다. 상하 좌우, 중심→주변(주변→중심), 가까운 곳→먼 곳(먼 곳→가까운 곳), 또는 여정의 순서 등으로 전개하는 방법이다. 기계의 구조나 생물의 형태, 지형적 특성 등을 설명하는 데 유용하다.

대곡리 바위그림의 내용은 바다짐승·들짐승·사람으로 나눌 수 있다. 왼쪽에는 고래·물개 등과 같은 바다짐승, 오른쪽에는 호랑이·사슴·멧돼지·개 등과 같은 들짐승을 배치하였다. 오른쪽 끝에 별도로 다듬어진 작은 면에는 위에 호랑이 한 마리, 아래에 고래 한 마리를 배치하였다. 이것은 들짐승과 바다짐승을 대표하는 상징성을 갖는 것으로, 이른 시기 이 지역의 생업이 수렵어로 생활이었음을 알려주고 있다. 또한 이들 짐승 그림 사이사이에 마스크와 함께 사냥하거나 어떤 의식을 행하는 모습의 인물상이 새겨져 있어 당시의 풍속 표현을 엿볼 수 있다.

– 정병모,『미술은 아름다운 생명체다』중에서

② 연역적 구성과 귀납적 구성

'연역적 구성'이란 말하고자 하는 핵심을 먼저 써놓고 뒤에 그것을 뒷받침하는 설명을 덧붙여 객관적으로 믿게 만드는 방법이다. 일반적 진술을 앞에 두고, 이를 보충하는 구체적인 진술을 뒤에 두는 방식을 말한다.

작품이 내뿜는 생명력은 미술에서 가장 원초적인 미의식이자 영원한 미적 가치이다. 우리가 '미술'하면 곧바로 아름다움을 떠올리지만 아름다움은 생명력 다음의 미적 가치이고, 그것 또한 생명력에 뿌리를 둘 때만이 진정으로 아름다운 것이다. 아무리 잘생긴 사람이라 하여도 아무리 외모를 예쁘게 꾸며도 그 사람이 생기가 부족하면 그 아름다움은 잠시의 시선을 끄는 데 그칠 것이다. 아무리 못 생겨도 아무리 기칠게 차려입어도 그 사람에게 생기가 넘치면 그 매력은 점점 눈덩이처럼 불어날 것이다. 조화로운 구성을 따지고 아름다운 색채를 논하는 따위의 평가는 생명력보다 우위에 설 수 없다.

- 정병모, 『미술은 아름다운 생명체다』 중에서

귀납적 구성은 핵심적인 문장을 단락의 마지막에 놓아두는 방식이다. 구체적인 진술을 먼저 하고, 일반적인 진술을 나중에 하는 것이 귀납적 논법이다.

누군가 사람은 '잊기 쉬운 동물'이라고 했다. 사람에 따라 정도의 차이는 있겠지만, 우리는 여러 가지의 생각이나 느낌을 오랫동안 일일이 다 기억할 수는 없다. 독후감도 마찬가지다. 어떤 책을 읽고 난 바로 그때의 생생하고 뚜렷하던 감상은 그냥 그대로 두어 둔다면, 시간이 흐름에 따라 끝내는 아주 잊게 된다. 그러므로 우리는 그 독후감을 오랫동안 지속할 수 있도록 되새길 수 있는 방법을 궁리하지 않으면 안 된다.

③ 인과식 구성과 열거식 구성
결과의 원인을 밝히거나 어떤 현상의 예상 결과를 지적해

내는 글쓰기 방식이 '인과식 구성'이다. 인과관계를 취급하는 단락쓰기에서는 인과관계의 특성을 잘 이해해야 하고, 인과관계의 타당성이 고려되어야 한다.

한국사상이라야 불교사상 아니면 유교사상일 것이요, 불교나 유교가 모두 남의 것이 아니냐고 할는지 모른다. 그러기에 그와 유사한 외국인의 질문에 한국 유학생들이 가끔 당황하는 경우가 있다는 말을 들었다. 있을 법한 일이다. 그러나 그런 논법으로 일관한다면, 서양의 여러 문명국에는 하나의 문화밖에 없고, 아마도 이렇다 할 각자의 독자성은 없어야 할 것이다. 기독교는 분명히 동양에서 시작된 종교이고, 그리스 사상까지도 동양 사상의 영향 없이 생겨난 것이라고 단언하기가 힘들 것인 줄 안다. 문화는 그것이 원시 문화가 아닌 이상 고립·독존하여 폐쇄적인 고유문화란 있을 수 없고, 여러 문화의 유입, 상호교류를 통하여 터잡게 된다는 것을 알고서 논하는 것이 마땅하다. 이런 관점에서 우리 문화 나름의 독자성을 엄연히 갖고 있다는 것에 수긍하지 않으면 안 된다.

– 박종홍, 『한국사상연구의 구상』 중에서

'열거식 구성'은 글감을 떠오르는 순서대로 나열해 쓰는 방식을 가리킨다. 그렇다고 무조건 되는 대로 늘어놓는 것은 아니다. 말하고자 하는 범주에서 벗어나지 않고, 내용에 적합해 주제를 혼란시키지 않도록 해야 한다.

텔레비전을 '바보상자'라고 한다. 텔레비전은 여론 조작을 통해 시청자들이 정의롭지 못한 기존 질서에 순응하는 데 이바지한다. 또한 인간적인 접촉을 줄이고, 사회구성원들의 가치와 사고방식을 획일화시키고 문화의 다양성을 감소시킨다. 뿐만 아니라, 저급한 프로그램을 대량 생산해서 방송함으로써 문화의 저질화를 가져오고 있으며, 시청자들을 환상 속에 빠져들게 함으로써 현상을 유지하는 데 이바지할 수도 있다.

[적용하기 6]
다음 제시문의 마지막 문장을 하나 더 넣어 귀납적으로 구성된 하나의 단락을 완성해 보라.

예술에는 여러 가지가 있다. 문학과 무용이 예술이고, 미술과 음악도 예술이다. 모두 작가의 사상과 감정을 표현한다는 점에서 이들은 공통점을 지니지만, 표현수단에서는 각기 다르다. 문학은 언어를, 음악은 소리를, 미술은 선과

색채를, 무용은 몸의 율동을 표현매체로 삼고 있다.

이 예문에서는 예술을 나누는 기준은 표현수단이라고 하면서, 각각의 예술이 지닌 표현매체를 제시하고 있다. 따라서 이들 제시된 문장들을 통해 이끌어낼 수 있는 중심생각으로 '예술은 표현매체에 따라 여러 갈래로 나누어진다'는 주제문을 생각해볼 수 있다.

[적용하기 7]
'진로 선택을 할 때 가장 중요하게 고려해야 할 점'에 대해 연역적 구성으로 하나의 단락을 완성해 보라.

논리적 글쓰기에도 유형이 있다?

서론·본론·결론을 쓰는 데 어떤 정형화된 형식이나 방법이 있는 것은 아니다. 글쓴이의 개성에 따라 글쓰기의 양식은 얼마든지 다양하게 나타날 수 있다. 따라서 글쓰기의 방식을 몇 가지로 유형화시킨다는 것은 어쩌면 어리석은 짓이다. 그럼에도 불구하고, 글쓰기의 일반적인 방식을 몇 가지 유형으로 나누어 설명하는 것은 글쓰기를 배우려고 하는 사람들이 글을 쓰는 행위에 우선 쉽게 접근할 수 있도록 하려는 편법이다.

① 서론 쓰기

서론은 글의 도입부다. 서론에서는 일반적으로 논의할 문제에 대한 호기심을 유발하거나 문제를 제기하고 개략적인 전개 방향을 제시한다. 학술논문이나 학술리포트에서는 반드시 서론에서 글을 쓰는 목적, 다루려는 내용과 범위, 개략적인 전개 방향, 의의 등을 제시해야 한다.

서론 쓰기는 일반적으로 일상생활에서 겪은 경험·사회적인 사건, 역사적 사실, 속담이나 명언, 통계나 보도자료, 인식태도의 문제점 지적, 개념 정의 등으로 시작하면 효과적이다. 몇 가지 사례를 살펴보자.

• 사회적인 문제나 일상생활의 경험으로 이끌기

줄기세포 연구는 멀지 않은 장래에 난치병을 고쳐줄 것으로 기대되는 반면 배아 파괴와 인간 복제를 둘러싸고 인간의 존엄성 훼손 논란을 불러일으키고 있다. 종교계에서는 배아를 폐기하는 것은 생명을 앗는 것이라고 주장한다. 그러나 과학자들은 수정 14일 이전의 배아는 인간이 아니기 때문에 연구대상으로 삼아도 윤리적으로 문제가 없다는 논리로 난치병 환자들의 인권도 중요하기 때문에 인간배아 복제는 허용해야 한다고 맞선다.

• 글 쓰는 목적이나 의도 등을 밝히며 이끌기

　시장경제는 보이지 않는 손에 의해 조화로운 자원배분이 가능하다고 보는 사람들에 의해 지지되고 있다. 반면에 계획경제는 시장경제로 인한 문제가 많으므로 자율적인 시장이 아닌 인간의 합리적 계획에 의한 자원배분이 필요하다고 주장하는 사람들에 의해 지지되고 있다. 현대는 완전한 시장경제에 의한 자본주의 사회나 완전한 계획경제에 의한 사회주의 사회가 아니라 어느 정도의 조화가 이루어지는 수정자본주의를 수렴해 왔으나, 최근에는 계획경제의 요소를 배제하고 시장의 원리가 중심이 되어야 한다는 주장이 강해지고 있다. 이러한 상황에서 시장경제의 장단점을 점검해 보고, 그 단점을 극복할 방안은 무엇인가를 살펴보는 것이 필요하다.

• 통계 자료 등을 제시하며 이끌기

　최근 국정감사에서 초등학교 여교사의 비율이 70%를 넘었다는 점이 문제로 부각되었다. 국정감사를 통해 초등학교 여교사의 비율 초과 문제가 다시 제기된 것은 좀 더 다양하고 적극적인 대책이 마련될 필요가 있다는 우려가 보다 가시화된 것으로 해석할 수 있다.

초등학교에서 여교사 비율이 점차 높아지고 있다는 우려는 이미 오래 전부터 제기되어 왔다. 1990년대 초부터 초등 여교사의 수가 과반수를 넘었고, 이후 이 비율은 계속 증가해왔다. 그런데 구체적인 대안을 마련하기 전에 초등학교의 여교사 증가 현상에 대한 보다 정확한 현황과 문제점, 그리고 그 원인 진단이 필요하다. 여교사 증가로 인해 어떤 문제가 초래되고 있는지, 왜 여교사 초과 현상이 나타나고 있으며, 그 원인은 무엇인지, 이러한 문제를 해결하기 위해 어떤 대책이 마련될 필요가 있는지, 현재 제안되고 있는 여러 방안들은 타당한 것인지 등을 좀 더 체계적으로 점검해 볼 필요가 있다.

• 명언이나 속담 등을 인용해 이끌기

'죄는 미워하되 사람은 미워하지 말라'는 속담이 있다. 죄를 지은 사람이 벌을 받는 것은 너무나 당연하다. 그러나 죄의 대가로 사형에 처하는 것은 죄를 미워하는 선을 넘어선 문제다. 사회의 질서와 정의를 지키기 위해서라면 죄를 다스리는 데 있어 귀중한 인간의 생명을 빼앗는 방법 외에 다른 방법은 없는가? 생명을 존중하는 인도주의적 입장이

나 인권을 중시하는 문명국가의 위신으로 볼 때, 사형제도
를 유지해야 하는지는 심각하게 생각해 봐야 할 문제다.

• 자신의 주장과 상반되는 견해 제시로 이끌기

사형제도를 폐지하자는 사람들의 대부분은 이 제도가
'인간의 존엄성'이라는 대원칙에 위배된다는 논리를 내세운
다. 즉, 아무리 흉악한 범죄를 저질렀다고 하더라도 그 범죄
자 역시 인간으로서의 존엄성을 가지고 있으므로 생명을
빼앗아서는 안 된다는 것이다. 그러나 과연 많은 사람들에
게 피해를 입히고, 심한 경우 사회 전체를 혼란에 빠뜨리는
범죄자의 인권을 보호하기 위해 사형제도를 폐지해야 하는
지는 의문이다.

• 인식태도의 문제점을 지적하며 이끌기

심각한 청년실업 사태의 원인을 경기가 나빠진 데서 찾
는 사람들이 많다. 경기가 좋아져 지금보다 일자리가 늘어
나면 청년실업이든 노년실업이든 모두 줄어들 것은 분명하
다. 그런 의미에서 경기가 나쁜 것이 청년실업의 원인이라
고 보는 것은 타당성이 있다. 하지만 우리의 청년실업 문제

를 단순히 경기 탓만으로 돌리기에는 문제가 있어 보인다. 취직하기가 어려운 것은 대기업과 관련된 것이고, 중소기업들은 여전히 사람을 못 찾아 탈이며 좋은 사람을 뽑아 놓아도 몇 달을 견디지 못하고 나간다는 것이다. 그렇다면 청년실업 사태의 근본적인 원인에 대해 면밀히 검토해 보지 않을 수 없다.

• 현실의 구체적인 사례를 들어 이끌기

통신언어에서 가장 보편적인 국어의 변질은 말을 줄이면서 발생한다. '안녕하세요'를 다 적지 않고 '안냐세여'로 적으면서 컴퓨터의 자판 타수를 줄이고 있다. 이 외에도 '방가(반가워)' '어솨요(어서와요)' '넘(너무)' 등이 말 줄임을 위해 변질된 언어들이다. 그리고 또박또박 표준어로 적기보다는 연철(한 음절의 조성을 다음 자의 초성으로 내려 쓰는 훈민정음의 표기 방식)을 하여 발음 나는 대로 적는 경우도 많다. '담에 바여(다음에 봐요)' '마저(맞어)' '시로(싫어)' 등이 그 예다. 이러한 통신언어 확산의 부정적 측면과 긍정적 측면을 살펴 통신언어가 나아가야 할 바람직한 방향에 대해 생각해 보기로 하자.

• 개념 정의를 하면서 이끌기

노블레스 오블리주(Noblesse oblige)는 그 지위에 맞는 '도덕적 의무감'을 말한다. 높은 지위든 낮은 지위든 사람들은 모두 지위를 가지고 있다. 그러나 여기서는 '높은 지위'만을 말하고, 그것도 사회를 이끌어가는 지도층에 속하는 사람들의 지위만을 말한다. 노블레스 오블리주는 지도층의 지위에 부합하는 도덕적 양심과 거기에 합당한 도덕적 행동을 이른다. 그런데 왜 하필이면 노블레스 오블리주를 특히 요구하는가?

• 비유를 통해 이끌기

누구나 한번쯤 퍼즐 조각을 맞춰본 경험이 있을 것이다. 여러 개의 조각을 모두 제 위치에 놓으면 하나의 그림이 만들어진다. 그런데 만일 하나의 조각이라도 부족하거나 잘못된 위치에 놓이게 되면 그림은 완성되지 않는다. 사회와 개인의 관계도 마찬가지다. 퍼즐에서 조각 하나하나가 다 중요하듯 사회를 구성하는 모든 개인도 있어야 할 자리가 있고, 나름의 가치를 지니고 있는 것이다.

• 논의하려는 핵심주제 제시로 이끌기

어느 시대, 어느 사회에서나 부모와 자녀 간의 갈등은 존재해왔다. 부모는 그들의 세대가 갖고 있는 사고의 기준으로 자녀들의 행위를 판단·통제하려고 하고, 자녀들은 그러한 부모의 간섭에서 벗어나려고 하는 것이다. 마리탱 뒤 가르(Martin du Gard)의 『회색 노트』는 두 가정의 상반된 모습을 통해 세대 간의 갈등이 어디에서 기인하고 있는지를 보여주고 있다.

② 본론 쓰기

본론은 글의 핵심이다. 전체 글의 반 이상을 차지하고 있는 부분도 본론이다. 서론과 결론은 본론을 위해 존재한다고 해도 지나친 말이 아닐 만큼 논리적 글쓰기에서 가장 중요한 부분이다. 본론 쓰기에서는 자신의 의견이나 주장을 내세우고, 그에 따른 이유나 근거를 내세워야 한다. 이유가 없는 의견이나 근거가 없는 주장은 결코 읽는 이를 설득시킬 수 없으며, 읽는 이의 공감이나 동의를 얻기 힘들다.

여기서는 짧은 논술문 쓰기에서 본론을 쓰는 방법 가운데 보편적인 양식을 골라 사례와 함께 몇 가지 살펴보기로 하자.

• '문제점-원인-해결 방안'식 본론 쓰기

특정한 문제 상황에 대해 구체적으로 분석하고, 그 원인을 규명해 해결책을 모색하거나 실천방침을 제시하는 방향으로 전개하는 방식이다. 세부적으로 '문제점의 구체화' '문제의 원인 분석' '해결책이나 실천 방침' 등으로 나누어 본론 쓰기를 하면 바람직하다.

〈본론〉 ㉠ 구체적인 문제점, 또는 초래되는 결과

　　　　 ㉡ 문제의 근본 원인 분석

　　　　 ㉢ 해결 방안이나 실천 방침

　우리나라의 출산율 감소에 따른 고령화 현상이 심각하다. 아이 낳기를 기피하는 바람에 우리의 출산율은 계속 떨어지고 있다. 가임여성 1명당 평균자녀 수는 2004년 1.16명으로 1.6명 수준인 선진국보다 크게 낮다. 1970년 4.53명에서 줄곧 감소해 오다가 세계 최저 수준에 이른 것이다. 현재의 인구를 유지하려면 적어도 2.08명을 유지해야 한다. 인구가 적정 수준을 유지하지 못하면 경제 활력이 떨어지고 정체된다. 일할 사람은 없고 부양해야 할 사람만 많다면 죽은 사회나 마찬가지다. 그래서 인구가 급격히 감소하는

것을 두고 '재앙'이라고까지 표현하기도 한다. **(서론)**

인구는 국력을 구성하는 한 부분이다. 인구가 많은 중국은 1인당 소득은 낮아도 전체 국력은 세계 최상위권으로 본다. 인구가 줄면 성장 동력이 약해져 경제 성장이 둔화된다. 인구가 줄면 내수가 축소돼 기업들의 판매 기반이 없어진다. 노동력의 양적 감소와 함께 고령화의 급속한 진전은 노동력의 질적인 저하를 불러오고 마침내 경제성장률이 하락한다. 노령화가 가속화되면 부양부담이 커진다. 건강보험 재정, 사회보장 예산이 증가해 세금이 늘어나고 나라 재정이 악화된다. 이에 따른 세대 간의 갈등이 심각한 사회 문제로 대두될 수 있다. **(본론1)**

출산을 기피하는 것은 먼저 출산에 대한 젊은 층의 인식이 변화하고 여성들의 사회진출이 늘었기 때문이다. 결혼과 출산이 늦어지고 이혼이 늘어나는 것도 출산율 하락의 원인이다. 그러나 무엇보다 중요한 원인은 교육비와 양육비에 대한 부담을 꼽을 수 있다. 우리 경제 수준에 비해 교육비 비중은 너무 높다. 양육에도 어려움이 많다. 맞벌이 부부가 아이를 맡겨놓고 일할 탁아·육아시설이 매우 열악하다. 한 여론조사에서는 미혼 남녀 네 명 중 한 명이 '자녀가 없어도 된다'고 응답했는데 양육비 부담을 가장 중요한 이유로 들었다. **(본론2)**

출산율을 높이려면 우선 여성들이 마음 놓고 아기를 낳아 기를 수 있는 여건을 마련해야 한다. 탁아소를 늘리고 자녀를 많이 낳으면 세금은 줄여주되 수당과 연금을 많이 줘야 한다. 공무원 채용 시 자녀를 가진 여성을 우대하는 방법도 있다. 아기를 낳으면 출산보조금을 주고 출산휴가와 육아휴직을 보장해줘야 한다. 정부의 정책적 지원도 필요하다. 보육료 지원, 국공립 보육 시설 확충, 아동 청소년의 방과 후 활동 지원, 산전후 휴가 및 육아휴직 확대 등이 그것이다. 고령화와 관련해서는 국민연금의 부담은 늘리되 급여는 줄이고, 정년은 보장하되 임금은 서서히 줄이는 임금피크제를 시행하고, 건강보험료를 단계적으로 현실화하는 방안도 추진해야 할 것이다. **(본론3)**

출산율은 장기적으로 인구대체 수준으로 회복, 유지해야 한다. 출산율을 높이는 데에는 정책적 노력과 함께 국민의 의식 전환이 필요하다. 출산율 회복과 함께 인구고령화에 대응하기 위한 노력도 동시에 이루어져야 할 것이다. **(결론)**

• '두 가지 입장 비교-한 가지 선택
  또는 제3의 방안 모색'식 본론 쓰기

두 가지 이상의 서로 다른 현상이나 문제 사이의 관계를 서로 비교하고, 장단점을 살펴본 다음, 어느 한 쪽의 입장을 선택하거나 제3의 방안을 제시하는 방식의 글쓰기를 말한다. 비교를 통해 자신의 주장이나 해결 방안을 제시할 경우, 주제를 보다 뚜렷이 드러낼 수 있는 효과를 얻을 수 있다.

〈본론〉 ㉠ 입장A의 장단점

　　　　㉡ 입장B의 장단점

　　　　㉢ 자신의 입장 표명 또는 제3의 방안 모색

　최근 우리나라에서는 성장(효율, efficiency)과 분배(형평, equity)의 선후 문제가 사회적 쟁점으로 부각되고 있다. 성장과 분배의 선후 문제는 국가경영의 영원한 화두인 것 같다. 성장과 분배는 동시에 달성하기 어려운 상충 관계에 있다. 성장을 우선하면 분배가 문제되고, 분배를 우선하면 성장이 문제된다. 그래서 수많은 경제학자나 정치가들은 두 가지를 동시에 달성할 수 있는 방법은 없는지에 대해 고민해왔다. 그럼에도 불구하고, 지금까지의 경험을 통해 우리는 두 가지를 동시에 달성하기가 매우 어렵다는 것을 알고 있다. 성장을 우선시 하는 경제정책을 취할 것인가, 분배를 우선시 하는 경제정책을 취할 것인가의 문제는 항상 쟁점으로 떠오른다. (서론)

사회주의 경제정책에서는 분배를 우선시한다. 마르크스 (Marx)는 경제 문제에 대한 관심의 초점을 분배에 두었다. 마르크스의 경제학 이념을 계승한 공산 진영에서는 소련을 필두로 사회주의를 표방하며 소득의 균등한 분배에 힘썼다. 이들은 소득의 인적 분배를 기초로, 사람을 소득 분배 기준으로 삼아 '모두 골고루 잘 살아야 한다'는 의식을 가졌다. **(본론 1-1)**

그러나 현재 분배 우선 정책은 달리기 경주에서 못 뛰는 사람을 잘 뛰게 하기보다는 잘 뛰는 사람을 못 뛰게 하여 격차를 줄이는 결과를 초래했다는 비판을 받고 있다. 그 증거로 사회주의를 가장 거대하게 표방한 소련 체제가 붕괴되었으며, 그 이후 사회주의에서 자본주의로 변모하는 국가들이 속속 나타났다. 현재 소련의 뒤를 이어 중국도 사회주의에서 자본주의로 서서히 변모하고 있다. **(본론 1-2)**

자본주의에서는 성장을 우선시한다. 앞으로도 지속적인 경제성장이 필요하므로 더 큰 경제 성장이 가능한 방향으로 소득 분배가 이루어져야 한다는 것이 많은 경제학자들의 견해다. 이들은 소득의 기능적 분배를 기초로 하여 생산요소(노동자)가 생산한 만큼 또는 사회에 공헌한 만큼 소득을 분배해야 한다고 주장한다. **(본론 2-1)**

그런데 사적 이윤 추구를 목적으로 하고 생산수단의 사

적 소유와 자유경쟁을 토대로 삼고 있는 자본주의 체제에서는 분배보다는 성장 위주로 경제가 발전되어 왔다. 그렇기 때문에 오늘날 대부분의 자본주의 체제에서는 성장 우선 정책에 밀려 소홀히 취급해 왔던 분배 문제로 사회적 분열과 갈등을 가져오고 있다. 소득의 기능적 분배가 경제의 효율성 측면에서 바람직하지만, 이 분배 기준에만 의존하는 것은 문제가 있다. 즉, 소득의 인적 분배를 함께 고려하지 않기 때문이다. **(본론 2-2)**

경제적 순환의 지속과 사회 통합 유지의 필요성 때문에 성장과 분배는 어떤 방식으로든 연계되지 않을 수 없다. 분배와 성장을 별개로 보지 않고, 이 둘의 적절한 조화를 이루는 것이 가장 바람직하다. 오늘날 많은 나라들이 국가의 기본목표를 국민의 생존권과 생활상의 행복을 늘려나가는 데 두는 복지국가를 지향하고 있다. 복지국가는 소득 격차의 심화를 경계하는데, 그 이유는 소득 격차가 커질수록 저소득층의 발전에 대한 의지가 꺾이기 때문이다. 또 소득 분배에 불만을 가진 계층이 늘수록 사회는 불안해진다. 사회계층 간의 갈등을 해소하기 위해서는 성장과 분배의 두 목표를 잘 조화시켜야 한다. 그것이 복지국가로 가는 필수적인 과정이다. **(결론)**

• '긍정적 측면-부정적 측면-부정적 측면의 극복 방안'식 본론 쓰기

주어진 화제에 대한 긍정적인 측면과 부정적인 측면을 분석하고, 부정적인 측면을 극복해 바람직한 방향으로 이끌어 가는 방식의 글쓰기다. 부정적인 측면과 긍정적인 측면을 제시하고, 자신의 입장을 결론으로 드러내는 방식의 글쓰기도 흔히 볼 수 있는 경우다. 부득이 양시양비론(兩是兩非論)적 입장을 취할 경우에는 그 이유를 분명히 제시해야 하며, 모호한 입장을 드러내서는 안 된다.

〈본론〉 ㉠ 화제의 긍정적·부정적 측면 분석
　　　　㉡ 부정적인 측면을 극복할 방안 모색

〈본론〉 ㉠ 화제의 부정적 측면 분석
　　　　㉡ 화제의 긍정적 측면 분석

과학문명은 현대인의 생활을 지배하고 있다고 해도 과언이 아니다. 그런 만큼 과학문명은 인류의 이상에 대하여 해악(害惡)과 편리를 동시에 가져다주는 경우가 많다. 즉, 과학의 발달은 인간을 파멸로 이끌 수도 있고, 행복으로 인도해 줄 수도 있다. 이런 현상을 주목해 볼 때, 과학문명의

빌딜이 가져오는 긍정적인 측면과 부정석인 측면을 살펴보고, 과학문명의 평화적 사용이란 문제에 대하여 논의해 볼 필요가 있다. **(서론)**

20세기 과학문명의 가장 큰 발견이라 할 수 있는 원자력의 경우에는 위에 말한 두 가지 해석이 모두 가능하다. 원자력이 군사적·정치적 목적에 사용될 경우에는 원자폭탄이나 수소폭탄 등 부정적인 방향으로 쓰일 수 있으며, 그것이 비군사적으로 이용될 경우에는 원자로를 통한 동력의 개발이나 산업기술, 의료 등 긍정적인 도움을 주게 된다. **(본론 1)**

그런데 현대의 과학이 과연 어느 방향으로 발전해야 할 것인가의 물음에 대한 답은 명백하다. 인간을 위해 평화적으로 사용되어야 한다. 그러나 현실적으로는 군사적인 목적으로 사용되는 비중이 훨씬 큰 것이 사실이다. 과학은 인류의 평화와 행복에 기여할 때 비로소 의의를 지닌다. 과학기술은 인간의 손에 의해 발전했으며, 앞으로도 인간을 위해 사용되어야 한다. 이를 위해서는 과학문명의 발달과 활용 방향에 대한 이성적 통제가 필요하다. 과학 문명에 대한 맹신적 자세를 반성하고 인간의 윤리성을 회복하여 과학문명이 인간 파괴의 방향이 아닌, 인간의 평화로운 삶에 기여할 수 있도록 해야 한다. **(본론 2)**

인간의 이상은 평화와 안녕에 있다. 과학의 이상 역시 인간이 이끄는 것임을 인식한다면 당연히 죽음이나 파괴의 공포로부터 벗어나 인류의 행복과 번영에 이바지할 수 있어야 한다. 핵무기 경쟁은 사라져야 하며, 과학은 인간의 미래에 대한 건전한 희망이어야 한다. 따라서 과학기술 발전의 부정적 영향은 과학기술로 해결할 수 있는 문제가 아니라, 인간적 윤리회복으로 해결해야 할 것이다. **(결론)**

인터넷에서 가장 보편적인 국어의 변질은 말을 줄이면서 발생한다. '안녕하세요'를 다 적지 않고 '안냐세여'로 적으면서 컴퓨터의 자판 타수를 줄이고 있다. 이 외에도 '방가(반가워)' '어솨요(어서 와요)' '넘(너무)' 등이 말 줄임을 위해 변질된 언어들이다. 그리고 또박또박 표준어로 적기보다는 연철(한 음절의 종성을 다음 자의 초성으로 내려 쓰는 훈민정음의 표기 방식)을 하여 발음 나는 대로 적는 경우도 많다. '담에 바여(다음에 봐요)' '마저(맞어)' '시로(싫어)' 등이 그 예다. 또 인터넷상에서 서로의 감정을 전달하기 위해 장난기 섞인 표현을 하기도 한다. **(서론)**

인터넷에서 쓰이는 통신언어의 절반 이상은 은어와 비속어 또는 무질서하게 급조된 국적 불명의 말들이다. 대부분의 통신언어는 규범적인 현실 공간에서의 언어생활에서 벗어나 자유로움과 새로움을 경험하려는 청소년들의 욕구에서 만들어진 것이므로, 의사소통 기능이 보편적이지 못하고 불완전할 수밖에 없을 것이다. 그렇다고 하더라도 지금과 같은 통신언어의 확산은 국민들의 실제 언어생활에 부정적인 영향을 끼치고 우리 한글을 파괴하는 데 한몫을 거들고 있음을 부인할 수 없다. 또한 통신언어는 세대 간의 의사소통 단절까지 불러일으키고 있다. 더욱이 요즘 네티즌들은 일어, 한자, 그리스 문자는 물론 컴퓨터의 도형 모음 등에서 한글의 자음이나 모음과 모양이 비슷하다고 생각되는 것들을 모아 개별적으로 외계어를 만들어 통용시키고 있으며, 심지어 언어습득력이 높은 초등학생들에게까지 이러한 현상이 번지고 있다. 게다가 이 같은 표현 방법을 모르면 또래 집단에서 따돌림까지 당할 정도라고 한다. 통신언어와 일반 언어를 구별하는 성인과 달리 이들은 일상생활에서도 그대로 통신언어를 사용하고 있기 때문에 한글 사용에 대한 혼란은 물론 우리말 체계의 붕괴로까지 이어지지 않을까 염려하는 목소리가 높다. 즉 잘못된 통신언어로 인해 우리말 왜곡 현상이 심해지고, 언어를 배우는 청소년들에게 그릇된 언어관을 형성시킬 수 있다는 점에서 문제가 심각한 것이다. (**본론 1**)

최근 지면 광고에서는 (^^) 같은 채팅 언어들이 심심치 않게 등장한다. 이외에도 통신언어를 통해 여러 가지 기호 문자를 사용해 간결하고 효과적으로 감정과 생각을 표현하는 일들이 많아졌다. 이는 시대가 변화하면서 환경과 상황이 바뀌어 새로운 기호와 양식이 요구되기 때문에 발생한 일들이다. 그렇기 때문에 기존의 언어와 다르다는 이유만으로 통신언어의 사용을 반대할 수는 없다. 이러한 현상들은 우리 사회의 규약인 어문 규범을 파괴한다는 비난을 받지만, 나름대로의 출현 이유가 있고, 대개 의사소통이라는 언어 본래의 기능에 잘 부합하므로 언어학적으로는 긍정적인 측면도 있다. 특히 (^0^)(웃는 표정), ㅜㅜㅜ(우는 표정), --;(진땀 흘리는 표정) 등의 표정 문자는 말하는 이의 태도나 감정을 표현하는 억양의 역할을 한다. '어솨요' 등 줄임말은 통신 요금과 결부된 시간 절약, 그리고 자판을 덜 두드리려는 노력 경제로 인해 나타났다. 이는 영어권에서도 관찰되는 세계적인 현상이며 경실련(경제정의실천시민연합), 국보위(국가보위비상대책위원회)처럼 일반적으로도 널리 이용되는 낱말 만들기 방법이다. 그리고 '하세여(하세요)' 등 새로운 변이형과 '마니(많이)' 등 소리대로 적은 표기, 간간이 등장하는 사투리, '당근이지(당연하지)' 등의 신조어 등은 표준어만을 이용하며 맞춤법을 준수하는 단조로움을 피해서 남의 눈길을 끌거나 더 부드럽고 재미있는

표현으로 분위기를 좋게 만들려는 방편으로 추측된다. (본론 2)

통신언어의 확산은 빠르고 편하게 글을 적으려는 경제적 동기, 통신자 간의 친근감과 개성 표현 욕구, 모든 억압을 무효화하는 인터넷 공간 내 규범적 언어활동에서 벗어나려는 심리, 또래 하위문화의 확산 등이 결합된 결과로 풀이된다. 통신언어의 언어규범 일탈현상이 개인이나 소규모 집단의 영역에서 향유되는 것을 우려의 대상으로 보면서 비난할 필요는 없다. 언어규범의 면에서 인터넷 통신에 유통되는 많은 말들이 문제 덩어리로 간주되지만 우리말의 어휘를 크게 확충해 주는 긍정적 기능도 분명히 있기 때문이다. (결론)

• '상대방의 주장 비판-자신의 주장 피력' 방식의 본론 쓰기

어떤 주장을 비판하면서 자신의 주장을 내세우는 방식의 글쓰기다. 상대방의 주장을 논박하기 위해서는 그 주장을 뒷받침하는 논거의 취약점을 찾아 제시해야 한다. 상대방 논거의 취약점은 사실에 대한 다른 해석(원인에 대한 다른 분석, 결과에 대한 다른 예측 등), 논거와 반대되는 사례, 이론과 다른 현실, 개념에 대한 다른 해석 등을 통해 발견할 수 있다.

〈본론〉 ㉠ 상대방 주장에 대한 비판(취약점 발견)

　　　　㉡ 새로운 주장과 그 논거 제시 ⑴ ⑵ ⑶ …

　생명공학의 발전으로 시험관 아기와 복제 동물을 거쳐 마침내 인간도 복제할 수 있는 단계까지 이르렀다. 배아줄기세포 연구는 질병 치료를 위한 것으로 심장병, 알츠하이머병, 암, 파킨슨병 등 난치병이 발생한 조직을 재생하거나 대체할 수 있다. 그러나 이를 위해서는 배아 또는 난자를 희생시키지 않을 수 없다. 살아 있는 생명을 살리기 위해 태어날 생명을 죽이는 것이 옳은 일일까? 또 배아줄기세포를 이용한 치료법의 개발은 천문학적인 상업적 이익을 수반한다. 세계적 권위를 지닌 잡지 「사이언스」에 따르면 전세계 줄기세포 치료 규모는 연간 3,000억 달러를 웃돈다고 한다. 생명을 파괴하는 대가로 거금을 버는 상업주의가 윤리적으로 정당할까? (**서론**)

　물론 유전자를 조작해 유전자 이상의 불치병 환자를 살리는 일, 배아줄기세포를 이식해 죽어가는 생명을 살리는 일은 악이 아니라 선이라 할 수 있을 것이다. 생명발생의 과정을 연구함으로써 인간의 복지를 향상시킬 수도 있다. 인간복제 기술은 인간을 영원히 젊게 만들 수 있는 방법이다. 성형, 재생의 길을 열어 난치병자나 사고의 희생자들을 회생시킬 수 있다. 다운증후군, 시력을 잃게 되는 데이섹스병을 치료하고 간과 신장을 교체할 수 있다. 백혈병이나 암을 정복하고 폐에 치명적인 낭포성 섬유증도 고칠 수 있다. 모차르트, 아인슈타인과 같이 인류사에서 특출한 사람들을 복제해 인류사회를 발전시키는 데 도움을 얻을 수도 있다. 윤리적 문제를 회피할 수 있는 대안이 성체줄기세포다. 장기이식을 거부반응 없이 할 수 있는 이점이 있다. 당뇨병, 화상, 대머리 등도 치료할 수 있다. 그러나 이런 성과들은 의학적 가치는 갖고 있겠지만, 윤리적으로는 문제가 된다. **(본론1)**

인간 배아를 마음대로 파괴하고 조작하는 행위는 인간의 존엄성을 해치는 일이다. 체세포 복제나 배아 복제는 자연의 법칙을 어기는 것이어서 지구의 생태계 질서를 뒤흔들 수도 있다. 더구나 인간이 복제된다면 전통적인 가족관계는 파괴되고 정체성 혼란을 초래할 것이다. 인위적인 생명 창조는 가족관계를 붕괴시키는 반인륜적인 행위다. 생명 복제 과정에서 예측하지 못한 돌연변이나 유전학적인 손상이 일어날 수도 있다. **(본론 2-1)**

일부 과학자들은 손실과 이득을 견주어 판단해야 한다고 주장하기도 하지만, 의료적 가치가 아무리 크더라도 인간생명이나 인류 사회에 해악을 끼치는 것은 용납할 수 없는 일이다. 인간이 만들어낸 과학이 인간의 존엄성을 부정하거나 위협해서도 안 되고, 소수 특정인들을 위해 힘없는 다수가 희생되어서는 곤란하다. 줄기세포 치료를 받는 데 엄청난 돈이 든다면 일부 부유층만 수혜자가 될 것은 뻔한 일이다. (**본론 2-2**)

배아줄기세포 연구는 수정란을 파괴하는, 즉 생명을 파괴하는 행위다. 수정 후 14일 이전의, 착상이 안 된 미성숙 수정란은 생명이 없다는 것은 잘못이다. 수정 직후부터 생명체로 보아야 한다. 배아복제 연구는 인간 복제로 연결될 수 있다. 복제인간을 만드는 과정에서 무수한 배아 파괴 행위가 일어나게 된다. 인간의 존엄성은 무시되고 생명에 대한 경외심이 사라지게 될 것이다. (**본론 2-3**)

생명공학 연구의 가치를 부정할 수는 없다. 고통 받는 난치병 환자들을 치유하고 인간의 수명을 늘리는 것은 국가적 이익과도 연관이 있다. 그러나 윤리적 규범과 자연의 원리를 벗어난 과학탐구는 통제되어야 한다. 생명공학의 발전과 동시에 윤리적 규제도 강조되어야 할 것이다. (**결론**)

③ 결론 쓰기

결론은 서론에서 제기되고 본론에서 구체적으로 논의된 사실들을 종합하면서 정리하고 마무리하는 부분이다. 개인의 특성이나 글의 갈래 등에 따라 다르겠지만, 깔끔하고 합리적이라는 인상을 주면서도 타당성이 있고 설득력이 있다는 느낌을 가지도록 기술해야 한다.

• 요약하고 강조하는 마무리

통신언어의 확산은 빠르고 편하게 글을 적으려는 경제적 동기, 통신자 간의 친근감과 개성 표현 욕구, 모든 억압을 무효화하는 인터넷 공간 내 규범적 언어활동에서 벗어나려는 심리, 또래 하위문화의 확산 등이 결합된 결과로 풀이된다. 통신언어의 언어규범 일탈현상이 개인이나 소규모 집단의 영역에서 향유되는 것을 우려의 대상으로 보면서 비난할 필요는 없다. 언어규범의 면에서 인터넷 통신에서 유통되는 많은 말들이 문제 덩어리로 간주되지만, 우리말의 어휘를 크게 확충해 주는 긍정적 기능도 분명히 있기 때문이다.

• 대책이나 해결 방안을 제시하는 마무리

경제적 순환의 지속과 사회 통합 유지의 필요성 때문에 성장과 분배는 어떤 방식으로든 연계되지 않을 수 없다. 분배와 성장을 별개로 보지 않고, 이 둘의 적절한 조화를 이루는 것이 가장 바람직하다. 오늘날 많은 나라들이 국가의 기본 목표를 국민의 생존권과 생활상의 행복을 늘려 나가는 데 두는 복지국가를 지향하고 있다. 복지국가는 소득 격차의 심화를 경계하는데, 그 이유는 소득 격차가 커질수록 저소득층의 발전에 대한 의지가 꺾이기 때문이다. 또 소득 분배에 불만을 가진 계층이 늘수록 사회는 불안해진다. 사회계층 간의 갈등을 해소하기 위해서는 성장과 분배의 두 목표를 잘 조화시켜야 한다. 그것이 복지국가로 가는 필수적인 과정이다.

• 기대나 당부를 하는 마무리

환경 문제는 한 나라만의 문제가 아니다. 오히려 환경 문제는 모든 이해관계나 이데올로기를 떠나 전 지구가 같이 노력해야만 해결할 수 있으며 그런 점에서 우리 모두는 공동운명체다. 그런데도 지구인들은 이 지구를 전쟁과 증오의 땅으로 만들었다. 그것도 모자라 우리들은 후손들까지도 멸망의 길로 보내고 있다. 후손들에게 조금이라도 부끄럽지 않기 위해서 건강한 지구를 되찾는 일에 우리 모두의 힘을 모아야 할 것이다.

• 전망을 제시하는 마무리

　생명공학의 미래는 감히 예상하기 힘들다. 언젠가는 모든 난치병과 노화를 정복해 인간의 수명이 몇백 년 이상으로 늘어날 것이다. 생명공학의 발전 속도로만 본다면 이런 일이 불가능한 것도 아니다. 장기를 생산하는 공장이 만들어지고 수명을 연장해 주는 전문의들이 나타날지도 모른다. 늙지도 죽지도 않는 인간들이 즐비한 세상. 그것은 인간이 지구상에 출현한 이래 최대의 축복, 곧 유토피아라고 할 수 있을지도 모른다. 그러나 인간중심적인, 완벽한 인간을 만들기 위한 과학자들의 시도는 자연의 섭리를 거슬러 예측하지 못한 재앙들을 불러오고, 그것이 인류를 어떻게 위협할지 알 수 없다. 병들지 않고 장수하는 인간을 위해 다른 인간의 존엄성을 해치면서 끊임없이 앞으로만 전진해 가는 과학의 오만이 인류의 파멸을 초래하지 않는다고 장담할 수 없다.

• 당위성을 강조하는 마무리

　아무리 세계가 지구촌화되고, 인류가 세계시민화 된다 할지라도 인류의 역사를 통해 민족과 인종 사이에 차별은 늘 존재해 왔으며, 앞으로도 존재할 것이다. 이 역사에서 경쟁력 없는 문화를 가진 민족은 살아남을 수 없으며, 자신의 문화를 세계 문화의 흐름 속에 또렷이 부각시키는 민족이 세계의 주도권을 잡았음을 명심해야 한다. 그런 의미에서 문화 경쟁력은 그 무엇보다 중요한 생존의 수단이다. 이를 명심해 우리의 문화 경쟁력을 높이기 위한 노력을 아끼지 말아야 할 것이다.

[적용하기 8]

다음에 주어진 구체적인 사례를 토대로 논의하고자 하는 문제를 제기해 서론을 완성해 보라.

방송 프로그램에는 '뉴스 데스크' '라이브러리' '해피 투게더' '논스톱' '드라마 스페셜' '러브 하우스' '사랑의 리퀘스트' '시사 매거진' 등 외국어 제목 일색이다. 그리고 '쇼핑' '이코노미' '사이언스' '스포츠' '마이 홈' 등 신문 제목들도 예외가 아니다. 공교롭게도 외국어 남용이 가장 심한 곳은 한글 사용을 올바르게 선도하고 이를 스스로 실천해야 할 '언론기관'들이다.

구체적인 사례를 들어 관심을 끌어들였으니, 문제 제기에 해당하는 문장을 이어가면 된다. 주어진 사례들을 일반화시켜 보라. 외래어나 외국어를 남용하는 현실을 탓하고 있음을 알 수 있다. 그렇다면 나름대로 논의할 방향을 잡아 이어서 쓰면 된다.

[적용하기 9]

다음 단락에서 제기된 주장에 반론을 펴는 글의 본론을 다음 절차에 따라 완성해 보라.

교복을 입는 것이 바람직하다는 생각 때문에 대부분의 중·고등학교들이 교복자율화 원칙을 폐지하고 다시 교복 착용을 교칙으로 삼고 있다. 교복을 입으면 경제적 부담을 줄일 수 있을 뿐만 아니라 학생다운 품위를 유지시키고, 획일적인 통제도 용이하다는 것이다.

① 논거의 취약점 분석
② 새로운 주장과 논거 제시

논거의 취약점 분석에서는 사실에 대한 다른 해석(원인에 대한 다른 분석, 결과에 대한 다른 예측 등), 논거와 반대되는 사례, 이론과 다른 현실, 개념에 대한 다른 해석의 가능성 등을 통해 찾아보아야 한다. 예컨대 '교복 착용은 학생다운 품위를 유지시킨다'라는 논거의 취약점을 찾아보자.

교복을 단정하지 않고 불량스럽게 입은 학생에게서는 학생다운 품위를 발견할 수 없다. **(반대되는 사례)** 학생다운 품위는 교복을 입는 것보다 학생들이 자신의 내면을 충실히 가꿀 때 유지된다고 할 수 있을 것이다. **(원인에 대한 다른 해석)** 교복을 입는 것은 오히려 학생들의 발랄함을 억제해 학생다운 생기를 상실하게 하는 결과를 가져온다. **(결과에 대한 다른 예측)**

새로운 주장과 논거를 내세울 때는 주장의 타당성과 효용성을 따져보아야 한다. 주장의 타당성은 합리적 근거, 윤리적 가치, 사회적 요구, 보편성 등을 지니고 있음을 밝힘으로써 입증할 수 있다. 효용성은 자신의 주장을 시행함으로써 예상되는 결과가 여러 측면에서 한층 가치 있는 것임을 밝힘으로써 입증할 수 있다. 예컨대 '교복을 입는 것보다 입지 않는 것이 바람직하다'라는 입장을 옹호하는 논거를 마련해 보자.

교복보다 사복은 활동하기에 편리해 매우 실용적이다. **(실용성)** 뿐만 아니라 교복을 새로 구입하지 않고 자신이 입던 옷을 그대로 입음으로써 사복 착용은 경제적으로도 절감될 수 있다. **(경제성)** 값싸고 실용적이면서 자신에게 어울리는 옷을 선택해 입는 과정에서 미적 감각은 물론 자율적 능력을 함양할 수도 있을 것이다. **(능력 개발)** 이런 선택을 통해 자신이 좋아하는 옷을 입음으로써 심리적 만족감도 느낀다. **(심리적 측면)** 자신의 개성에 따라 각양각색의 옷을 입고 다님으로써 다양성을 인정하는 포용성이 길러질 수도 있다. **(문화적 측면)** 특히 현대 사회는 획일화를 통한 통제보다는 다양화를 통한 자유로운 개성 표현이 중요한 시대이므로 **(사회적 요구)** 교복 자율화는 다시 이루어져야 하는 것이다.

[적용하기 10]
다음 글에서는 이른바 '얼짱문화'와 '명품문화'의 병폐를 지적하고 있다. 이 글의 결론을 완성해 보라.

사람처럼 '자기 자신'에 대해 많은 애착과 관심을 갖고 있는 존재도 없다. 하지만 이러한 자기 애착이 다른 사람과 자신을 과도하게 비교하는 왜곡된 비교의식으로 종종 전

락하기도 한다. 그래서 자신의 자아를 그 자체로 소중히 여기는 내면적인 안목 대신 눈에 보이는 외적인 가치관으로 자신을 평가하면서 어떻게 해서든 그 외면적 가치들을 다른 사람들보다도 더 많이 소유해 비교 우위를 확보하려는 시도들이 일어나게 되고, 여기에서 각종 병폐들이 생겨나는 것이다.

요즘 10대들 사이에서 자리를 잡은 '얼짱문화'는 그 의미에 있어서 기존 기성문화와의 관계를 역전시켜 10대 스스로가 문화 주체자이며 생산자가 되었다는 긍정적인 측면을 포함하고 있지만, 한편으로는 기성세대의 그 획일적인 가치 체계를 그대로 답습하고 있다는 점에서 지적을 받지 않을 수 없다. 즉, 이 '얼짱문화'는 외면적인 '최고'만을 추구한다는 점에서 기성세대의 문화적 속성과 그 궤를 같이 하고 있는데, 그 대표적인 예가 바로 이른바 '명품문화'다. 명품문화 역시 외면 중심의 가치들을 주로 강조하고 있다.

이 명품문화 속에서 사람들은 그 외면적 가치들을 더 많이 확보해 그것으로부터 만족감을 얻으려 하고 있으며, 그런 외적인 것들을 얻지 못하는 경우에는 상대적 박탈감에 사로잡히는 것이다. 혹시 외적인 것들을 더 많이 소유하는 데 성공한다 할지라도 그 속성상 그것으로부터 얻는 만족들은 한계가 있고 오래 지속하지도 못한다. 그러므로 외적인 가치를 추구하는 경쟁주의석인 비교의식으로부터는 결국 삶의 그 어떤 긍정적인 결과나 양상들도 찾아볼 수 없는 것이다.

　이제는 우리 시대의 문화들이 비교의식이 아닌 창조의식(創造意識)에 근거한 문화들로 전환되어야 한다. 종래의 비교의식이 외면적인 가치로 자신을 다른 사람과 비교했던 것이라면 창조의식이란 '나'라는 존재가 원래 하느님 앞에서 존귀한 존재로 창조되었다는 사실을 인식하는 것이라고 할 수 있다. 사실 생각해보면 누구든지 한 사람 한 사람은 천하보다 귀하고, 우주와도 바꿀 수 없는 존재들이다. 전 세계 인구가 약 60억이지만 그 하나하나는 둘도 없는 존재요, 긍정적인 의미로서 천상천하 유아독존(天上天下 唯我獨尊)인 귀한 존재들이다. 레오나르도 다빈치의 '모나리자'와 같은 작품은 너무나 값지고 귀해 그 작품을 표현할 때 'Priceless(값이 없는)' 작품이라고 말한다. 너무 값지니까 값이 아예 존재하지 않으며 값으로 매길 수 없이 귀중하다는 것이다.

– 박상돈,
「얼짱문화와 명품문화의 공통성에 대한 단상」

　이 글의 서론에서는 사람들의 왜곡된 가치관이 야기하는

병폐를 문제의식으로 제시하고 있다. 이 글의 본론은 세 부분으로 나누어진다. 본론 1에서는 '얼짱문화'와 '명품문화'는 외면 중시의 가치로써 그 문화적 속성을 같이하는 현상을 논술하고 있다. 본론 2에서는 그러한 가치관 때문에 초래되는 결과를 논술하고 있다. 본론 3에서는 외면 중시의 가치관을 바꾸어야 한다고 주장하면서 자신의 가치를 인식하는 태도의 전환을 당부하고 있다.

그렇다면 이 글의 결론으로 어떤 방식의 글쓰기가 가장 효과적일까? 본론에서 이미 할 말을 다한 듯하니 글의 내용을 요약하고 강조하는 결론쓰기를 해보면 어떨까? 여러분이 완성한 결론을 글쓴이가 써놓은 다음의 결론과 비교해 보자.

존엄한 생명을 지닌 우리 한 사람 한 사람의 무한한 가치는 '모나리자' 작품 정도가 아니다. 그 어떤 천문학적인 값으로 도저히 매길 수 없는 가치와 생명이 인간 안에 내재되어 있다. 그런데 우리네 인생은 이렇게 엄청난 자신의 소중성을 알지 못한 채 돈과 성공, 인기와 명예의 유혹 앞에서 자신의 소중성을 쉽게 내팽개쳐버리는 일을 행하는 것이다.

[적용하기 11]

다음에 제시한 '청년 실업' 현상이 초래하는 문제점에 이어 그 원인을 파악해 보고, 해결 방안에 대해 논술해 보라.

우리나라 청년층(15~29세) 실업률이 2004년 7.9%로 전체 실업률(3.5%)의 배를 훨씬 넘어섰다. 1991년 이후 청년 실업률은 전체 실업률의 배 수준을 기록해 왔다. 청년기는 의무교육을 마치거나 고교·대학 과정을 이수하고 사회의 일원이 되기 위해 부단한 훈련과 경험을 쌓는 시기이다. 일자리(수요)와 취업희망자(공급)의 연계가 취약한 상태에서 청년실업 문제는 구조적으로 지속될 수밖에 없다. 일자리가 없어 좌절과 방황 속에서 희망을 수정해야 하는 우리 청년들의 실업문제는 단기간에 해결될 수 없는 심각한 문제다.

분명하게 진술하고 효과적으로 표현하라

다양한 진술방식의 적용

한 편의 글을 쓰고자 할 때, 우리는 그 목적과 의도에 따라 진술방식을 달리한다. 모든 글은 객관적인 사실을 전달하기(설명), 이치를 따지며 주장하기(논증), 대상의 모습을 재현하기(묘사), 사건의 경과를 서술하기(서사) 가운데 어느 한 방식으로 진술된다. 논리적인 글쓰기에서는 네 가지 진술방식 중에서 설명이나 논증이 활용된다.

객관적인 사실을 전달할 때

논리적인 글을 쓰고자 할 때, 사실을 전달해야 할 경우가 많다. 사실은 독자에게 객관적으로 전달되어야 한다. 사실을 객관적으로 전달하는 진술방식을 '설명'이라 한다. 설명의 방법에는 세부적으로 지정, 정의, 예시, 비교와 대조, 분류와 구분, 분석 등이 있는데, 논리적 글쓰기에서는 이들을 두루 활용하는 것이 바람직하다.

① 지정(확인)

지정은 사실을 확인하는 진술양식으로 가장 단순한 설명 방식이다. '무엇이냐, 누구냐?'에 대해 '무엇이다, 누구다'로 응답하는 진술이다.

> 한용운은 승려요, 시인이요, 독립 운동가였다. 그의 아버지 한용준이 종5품의 충훈부 도사의 벼슬을 지낸 것으로 보아 그의 가문은 조선사회의 전통적 기품을 물려받고 있었음을 알 수 있다.

② 정의

정의(定義)는 단어의 뜻을 다른 것과 구별할 수 있도록 명확히 밝히는 설명 방식이다. '무엇인가'라는 물음에 대한 응답의 형식이라는 점에서는 지정과 비슷하다. 그러나 정의는 정의의 대상을 특징짓는 성질을 지적함으로써 그 부류의 다른 구성분자들과 구별할 수 있도록 한정하는 과정을 밟아 이루어진다. '대한민국은 복지국가다'는 지정에 해당하고, '복지국가란 국민의 생존권 보장과 삶의 행복을 늘려나가는 데에 기본 목표를 두는 국가를 말한다'는 정의에 해당한다. 정의를 할 때는 다음의 두 가지 원칙에 유의해야 한다.

첫째, 피정의항은 정의항과 대등해야 하며, 피정의항이 정의항의 부분이어서는 안 된다. 가령, '첨성대는 우리나라의 대표적인 고대 건축물이다'라는 정의를 내렸다면, 정의항의 범주를 너무 크게 잡은 결과가 된다. 우리나라의 대표적인 건축물에는 첨성대뿐만 아니라 석굴암, 숭례문, 부석사 무량수전 등 많은 것들이 포함될 수 있기 때문이다.

둘째, 정의항이 피정의항을 단순히 되풀이하지 않아야 한다. 가령, '예술가란 예술을 하는 사람이다'라는 정의를 내린다면, 예술이라는 말을 다시 정의해야 하므로 온전한 정의가 이루어졌다고 할 수 없다. 이런 경우를 논리학에서는 '순환정의의 오류'라고 일컫는다.

③ 예시
구체적인 사례를 들어 일반적인 문제를 설명하는 방식을

예시(例示)라고 한다. 예시는 일반적이고도 보편적인 원리를 이해하기 쉽도록 설명하는 데 목적이 있다. 다음 제시문은 겸재나 단원의 그림을 구체적인 예시로 활용해 '민족문화의 전통은 창조적 정신에 의해 형성된다'는 보편적인 원리를 설명하는 범례다.

　　겸재(謙齋) 정선(鄭敾)이나 단원(檀園) 김홍도(金弘道), 혹은 혜원(蕙園) 신윤복(申潤福)의 그림에서도 이런 정신을 찾을 수 있다. 이들은 화보(畫譜) 모방주의의 인습에 반기(反旗)를 들고, 우리나라의 정취가 넘치는 자연을 묘사하였다. 더욱이 그 화가들은 산수화나 인물화에 말라붙은 조선시대의 화풍(畫風)에 항거해 '밭 가는 농부' '대장간 풍경' '서당의 모습' '씨름하는 광경' '그네 뛰는 아낙네' 등 현실생활에서 제재를 취한 풍속화를 대담하게 그렸다. 이것은 당시에는 혁명과도 같은 사실이었다. 그러나 오늘날에는 이들의 그림이 민족 문화의 훌륭한 유산으로 생각되고 있는 것이다.

　　　　　　　　　　　－ 이기백, 「민족문화의 전통과 계승」 중에서

④ 비교와 대조

비교와 대조는 다루는 둘 이상의 대상을 서로 관련지어

설명하는 데 유용한 진술양식이다. 어떤 문제에 대해 장단점을 밝히거나 상반된 견해를 토대로 자신의 견해를 정당화시킬 때 매우 효과적이다. 비교가 대상 사이의 공통점을 밝혀 알리는 설명이라면, 대조는 차이점을 밝혀 알리는 설명이다.

소유 양식을 가지고 있는 학생들은 단 한 가지 목표를 세우고 있다. 즉, 그들이 배운 것을 단단히 기억하거나 또는 노트를 조심스럽게 간직함으로써 '배운 것'을 고수하는 것이다. 그들은 반드시 어떤 새로운 것을 생산하거나 창조하지는 않는다. 사실 '소유'형의 사람(having type individuals)은 어떤 주제에 관한 새로운 사고(思考)나 개념에 대해 다소 당혹을 느낀다. 왜냐하면 새로운 것은 그들이 가지고 있는 고정된 양(量)의 지식에 의혹을 만들기 때문이다. 실제로 소유를 세계와 관계를 맺는 주요 형태로 파악하고 있는 사람에게는, 쉽게 고정될 수 없는 개념들은 성장하고 변화하여 통제할 수 없는 다른 모든 것과 마찬가지로 두려운 것일 수밖에 없다.

세계에 대하여 존재 양식으로 관계를 맺고 있는 학생들에게 있어서는 학습의 과정은 전적으로 다른 성질을 가지고 있다. 무엇보다도 그들은 백지 상태(tabula rasa)로는 연속 강좌에 참석치 않으며 심지어 연속 강좌의 첫 시간에도 마찬가지이다. 그들은 강의가 다룰 문제를 미리 생각하며, 그들 자신의 어떤 질문과 문제를 이미 마음속에 간직한다. 그들은 강의 주제에 완전히 몰두하게 되며, 또 흥미를 느낀다. 그들은 스스로가 말과 개념의 수동적인 저장소가 되는 대신에 귀를 기울여 '듣고', 가장 중요한 것은 능동적이고 생산적인 방법으로 받아들이고 '반응'한다. 그들이 듣는 것은 그들 자신의 사고(思考) 과정을 자극한다. 새로운 질문, 새로운 개념, 새로운 전망이 그들 마음속에 일어난다. 존재 양식을 가진 학생들의 학습 과정은 살아 있는 과정이다. 그들은 관심을 가지고 귀를 기울이며, 교수가 강의하는 것을 들으며, 자발적으로 그들이 듣는 것에 응답하면서 되살아난다. 그들은 단순히 집으로 가져가서 암기할 수 있는 지식을 습득하지 않는다. 학생 개개인은 강의를 통해 영향을 받고 변화하는 것이다. 학생 개개인은 강의를 받은 후에는 강의를 받기 전과는 달라진다.

— 에리히 프롬,『소유냐 존재냐』중에서

⑤ 분류와 구분

여러 개의 대상들을 어떤 공통된 성질에 따라 묶는 설명 방식을 '분류'라 하고, 하나의 대상이나 개념을 그 성분에 따라 나누는 설명 방식을 '구분'이라 한다. 분류가 대상들을 그

보다 높은 층위의 공통성에 따라 묶어나가는 작업이라면, 구분은 한 단계 낮은 층위의 공통성에 따라 대상을 나누는 과정이다. 분류나 구분은 일관된 기준이나 성격에 따라 정리하고 질서화함으로써 일목요연하게 설명하려는 데 목적이 있다. 분류와 구분에는 다음의 세 원칙이 준수되어야 한다.

첫째, 분류하고 구분하는 기준과 원칙은 하나이고 일관된 것이어야 한다.

둘째, 하위 계층은 소속되는 상위 계층에 남김없이 포괄되는 것이어야 한다.

셋째, 분류된 각 항목들은 상호배타적이어야 한다.

[분류의 예]

설명문·논설문·보고문·비평문 등은 논리적인 글에 해당하고, 시·소설·희곡·수필 등은 문학적인 글에 속한다.

[구분의 예]

대학에는 크게 다섯 가지의 전공 분야가 있다. 그 하나는 인류의 역사나 인간의 삶, 인생의 본질의 문제를 다루는 인문과학이다. 또 다른 한 분야는 인간은 혼자서 살 수가 없으므로 두 사람 이상이 만나서 이룬 사회라는 집단 속에서 어떻게 살아가는지를 연구하는 사회과학이다. 세 번째 분야는 자연이 운행되는 이치를 알고자 자연세계를 연구하는 분야로 기초 자연과학이라고 한다. 이 밖에 그런 자연이 운행되는 이치에 대한 이해를 토대로 인간의 삶을 편리하고 쾌적하게 만드는 것을 연구하는 응용과학 분야가 있다. 다섯 번째 분야는 우리를 둘러싸고 있는 이 자연, 사회, 인간의 세계에서 아름다운 것, 유쾌한 것, 신나는 것, 기쁨을 주는 것들을 발견해 표현하고 탐구하는 예술 분야다.

⑥ 분석

어떤 사물이나 개념이 어떻게 이루어져 있는가를 분명히 알리기 위해 그 요소나 성질 등을 하나하나 나누어 보여주는 설명 방식을 '분석'이라고 한다. 분석은 대상의 본질과 그것을 이루고 있는 구성요소들 사이의 내적 관련성을 깊이 있게 이해하는 데 도움을 준다. 분석에서는 전체와 부분의 유기적 연관성에 대한 고려가 전제되지 않으면 대상에 대한 올바른 이해가 불가능해진다는 점을 주의해야 한다. 전체와의 연관성을 고려하지 않은 분석은 자칫하면 부분의 단순한 총합을 전체와 동일시하는 오류에 빠질 수도 있기 때문이다.

소설 속에는 세 개의 욕망이 들끓고 있다. 하나는 소설가의 욕망이다. 소설가의 욕망은 세계를 변형시키려는 욕망이다. 자기 욕망의 소리에 따라 세계를 자기 식으로 변모시키려고 소설가는 애를 쓴다. 두 번째의 욕망은 소설 속의 주인공들의 욕망이다. 소설 속의 인물들 역시 소설가의 욕망에 따라, 혹은 욕망에 반대하여 자신의 욕망에 따라 세계를 변형하려 한다. 주인공, 아니 인물들의 욕망은 서로 부딪쳐 다채로운 모습을 드러낸다. 마지막의 욕망은 소설을 읽는 독자의 욕망이다. 소설을 읽으면서 독자들은 소설 속의 인물들은 무슨 욕망에 시달리고 있는가를 무의식적으로 느끼고, 나아가 소설가의 욕망까지를 느낀다. 독자의 무의식적인 욕망은 그 욕망들과 부딪쳐 때로 소설 속의 인물들을 부인하기도 하고, 나아가 소설까지를 부인하기도 하고, 때로 소설 속의 인물들에 빠져 그들을 모방하려 하기도 하고, 나아가 소설까지를 모방하려고 한다. 그 과정에서 읽는 사람의 무의식 속에 숨어 있던 욕망은 그 모습을 서서히 드러내 자기가 세계를 어떻게 변형시키려 하는가를 깨닫게 한다. 소설 속의 인물들은 왜 즐거워하는가, 그 즐거움에 나도 참여할 수 있는가. 그것들을 따지는 것이 독자가 자기의 욕망을 드러내는 양식이다. 그 질문은 '이 세계는 살 만한 세계인가, 이 세계의 현실원칙은 쾌락원칙을 어떻게 억누르고 있는가'라는 질문과도 같다. 그 질문을 통해, 여기 내 욕망이 만든 세계가 있다는 소설가의 존재론이,

이 세계는 살 만한 세계인가라는 읽는 사람의 욕망의 윤리학과 만나는 자리이다. 모든 예술 중에서, 소설은 가장 재미있게, 내가 사는 세계는 살 만한 세계인가 아닌가를 반성하게 한다. 일상 속에 매몰된 의식에 그 반성은 채찍과도 같은 역할을 맡아 한다. 이 세계는 과연 살 만한 세계인가, 우리는 그런 질문을 던지기 위해 소설을 읽는다.

- 김현, 「소설은 왜 읽는가」 중에서

⑦ 비유

'비유'는 이해하기 어렵고 복잡하거나 생소한 대상을 설명하고자 할 때, 친숙하고 단순한 대상에 빗대어 진술하는 방식이다.

나무의 뿌리는 아래에 있고, 꽃과 잎은 위에 있다. 열매와 씨는 속에 있고, 껍질은 바깥에 있다. 문장과 언사는 선비의 꽃이고 잎이며 껍질이다. 진실은 가슴 속에 있고 필묵으로 대나무와 비단에 드러내니 안과 밖이 자연 서로 부합되게 마련이다. 뜻이 분발해 나오면 붓이 이에 따르게 된다. 그러므로 문장으로 나타내게 되면 그 내용도 드러나는 것이다.

- 왕충(王充), 『논형(論衡)』「초기(超奇)」편 중에서

다음의 그림을 어떻게 설명해야 할지 생각해 보자. 먼저 누구의 어떤 작품인가를 조사해 보고, 같은 공간에서 같은 모델을 두고 그렸지만 다른 그림처럼 보이는 여러 가지 이유를 설명해 보자.

두 그림의 공통점과 차이점을 진술하는 방식을 채택했는가? 다음의 글을 참고해 보자.

오른쪽 그림은 고흐(1853~1890)의 '아를의 여인'이고 왼쪽 그림은 고갱(1848~1903)의 '밤의 카페'다. 두 그림에는 왼손을 턱에 괸 여인이 등장한다. 고갱이 불러온 '마담 지누'라는 매춘부를 모델 삼아 같은 시각, 같은 아틀리에에서 그렸기 때문에 두 여인은 헤어스타일, 옷차림, 길쭉한 콧

날까지 모두 똑같다.

1888년 11월 초, 프랑스 남부 아를 시에서 고흐가 세 들어 살던 '노란 집'에서 있었던 일이다. 당시 고갱은 모델의 오른쪽 얼굴이 잘 보이는 문 앞에 앉았고, 고흐는 반대로 모델의 왼편 얼굴이 잘 보이는 창가에 앉아 그렸던 것이다.

두 사람의 만남은 1888년 2월 먼저 아를에 정착, 남불(南佛)의 눈부신 햇살에 반한 고흐가 고갱을 불러 가로 6미터, 세로 4.5미터짜리 작은 아틀리에를 공동사용하면서 시작되었다. 당시는 인상주의 거장 모네의 작품이 1,000프랑, 타히티를 다녀와 명성을 얻은 고갱 그림이 250～300프랑 정도에 팔리고 고흐의 작품은 찾는 사람이 없던 시절이었다.

가난했지만 마흔 살 고갱과 다섯 살 아래 고흐의 동업은 화기애애하게 시작됐다. 고흐는 고갱을 위해 안락의자를 준비했고, 고갱은 주방 용기를 사왔다. 두 작가는 볕이 좋을 때는 시냇가로 나가 서로 등을 맞대고 풍경을 그리기도 했고, 궂은 날엔 아틀리에에서 모델을 놓고 그림을 그렸다. 고갱이 사온 20미터짜리 싸구려 캔버스천 한 장을 잘라 나눠 쓰기도 했다. 함께 그림을 그리면서 두 작가는 서로에게 영향을 받고 흉내 내기도 했다. 그 결과 고갱의 '가난한 여인들'과 고흐의 '붉은 포도나무' 속에서 일하는 여인들의 허리를 숙인 자세도 똑같고, '아를의 여인들'이란 작품 속두 여인의 표정과 차림새도 흡사하다. 물론 고흐는 다소 밝게, 고갱은 어둡게 배경을 처리하는 등 화풍(畵風)은 차이가 있었다.

그러나 그들은 함께 지내기에는 너무 개성이 강했고, 다른 점이 많았다. 고흐는 말이 많았고, 고갱은 과묵했다. 고흐의 그림 속도는 고갱의 2배였다. 무엇보다 그림에 대한 인식의 차이는 극복하기 어려운 근본적인 문제였다. 고갱은 "보이는 것만 그리지 말고, 생각과 상상도 함께 그려야 한다"고 했지만, 고흐는 그의 의견에 반대했다. 아틀리에 안에서 똑같은 모델을 놓고 그려도 고갱은 배경을 카페 풍경으로 바꿔놓지만, 고흐는 있는 그대로 그리는 식이었다.

두 사람의 갈등은 결국 고흐가 왼쪽 귀를 자르는 발작으로 이어졌고, 고갱이 12월에 파리로 떠나면서 둘의 관계는 막을 내렸다. 그렇게 2개월만의 동거는 끝이 났다.

[적용하기 2]

다음은 신문의 기능을 여러 측면에서 고찰하고 분석한 글이다. 마찬가지 방식으로 대학의 기능을 분석해 한 단락의 글쓰기를 해보자.

신문은 다양한 기능을 지니고 있다. 일반적으로 신문의

기능이라 함은 신문이 독사에 대해 어떻게 작용하느냐 하는 문제다. 이런 측면에서 볼 때 신문의 기능은 보도 기능, 지도 기능, 오락 기능, 광고 기능으로 나눌 수 있다. 뉴스 보도처럼 여러 사건들에 대한 정보를 제공하는 기능을 수행할 경우, 보도 기능이라 할 수 있다. 사설, 시사만평, 칼럼, 독자란 등을 통해 독자들을 설득하고 계도하는 기능이 지도 기능이다. 소설, 만화, 연예, 스포츠, 취미 관련 기사는 독자에게 오락을 제공하는 기능이라 할 수 있다. 광고지면 및 경제면을 통해 상품과 시장에 관한 정보를 독자에게 제공할 경우, 광고적 기능이라 볼 수 있다.

이치를 따지며 주장할 때

논리적인 글쓰기에서는 명백하지 않은 사실이나 자신의 주장에 대해 근거를 들어 증명하는 방법을 가장 많이 활용한다. 이를 '논증'이라 하는데, 어떤 문제적 상황에 대해 명확한 근거(논거)를 들면서 자신의 주장(명제)을 내세우고, 자신의 판단이 옳은 까닭을 입증(추론)하는 글쓰기 방식이다.

논증은 어떤 사실이나 현상에 대한 진위를 증명하고 있다는 점에서 설명과 유사하다. 그러나 설명은 객관성을 중시하고, 논증은 주관성을 중시한다. 그리고 설명이 이해에 목적을 두는 것이라면, 논증은 설득에 목적을 둔다.

① 명제

어떤 사실에 대한 자신의 의견이나 신념, 판단 등을 언어적 표현으로 나타낸 것이 명제다. 쉽게 말해, 명제는 자신의 주장을 문장으로 나타낸 것이다. 글쓰기에 있어서 명제는 주제문이 되거나 때로는 전제나 결론이 되기도 한다.

○ 사실 명제 : 사실의 진위를 판단하는 진술 방식
·한국어는 어원상 알타이어계에 속한다.
·신라는 외세를 끌어들여 반도내의 3국을 통합했다.

○ 가치 명제 : 옳고 그름, 착함과 악함, 아름다움과 추함 등의 가치를 판단하는 진술 방식
·성경은 하나의 문학 작품일 뿐이다.
·김소월의 「진달래꽃」은 한국적 정서를 대표하는 시의 하나다.

○ 정책 명제 : 당위성을 내세워 실천을 요구하는 진술 방식
·모든 자식은 부모에게 순종해야 한다.
·외래어를 남용하지 말자.

② 논거

　주장이나 판단이 타당한 것임을 뒷받침해 주는 논리적 근거를 '논거'라고 한다. 논증에서 구체적이고 설득력 있는 논거를 확보하는 것은 매우 중요하다. 아무리 좋은 명제를 설정한다 하더라도 이를 입증할 만한 논거를 찾지 못하면 그만큼 설득력 있는 주장을 펴나갈 수 없다.

　○ 사실 논거 : 객관적으로 검증될 수 있는 구체적인 사실이나 일반적인 진리를 가리킨다. 실험적 사실, 자연 법칙에 따른 사실, 보편적으로 인정되는 사실, 널리 알려진 사실 등이 이에 해당한다.

　오늘날 현대인들에게 성인병과 비만증이 급격히 증가한 요인은 인스턴트식품 때문이다. 특히 초콜릿·라면·커피 등은 대개 열량이 높다. 현대인들은 이런 인스턴트식품을 선호하고 있는데, 당뇨병 같은 성인병이 어린이들에게까지도 나타나게 된 것은 그 때문이다.

　○ 소견 논거 : 전문가나 권위 있는 사람의 견해, 목격자나 경험자의 증언에 의존하는 것

수자원공사 관계자는 "곧 닥쳐올 수도권 물 부족 현상과 홍수 조절을 위해서는 동강댐 외에 다른 대안은 없다"고 한다. 물 아껴 쓰기는 당연히 해야겠지만, 물 부족 해소를 위해 물을 아껴 쓰는 정도만으로는 크게 기대할 수준은 아니라는 것이다. 동강 다목적댐이 건설되지 못한다면 앞으로 심각한 상황을 초래할 수 있다는 게 물 전문가들의 경고다.

③ 추론

어떤 명제를 증명할 충분한 논거가 잡혔다 해도 그것의 정당성 여부를 밝혀 결론을 이끌어내지 않으면 안 된다. 수집된 논거를 바탕으로 명제가 진실임을 밝혀 결론을 이끌어내는 논리적 사고의 과정을 '추론'이라고 한다. 생각하는 일은 추론에 의지할 수밖에 없다. 이런 의미에서 추론은 논증의 핵심이 된다고 할 수 있다.

귀납적 추론은 특수한 사실을 관찰해 일반적인 사실을 이끌어내는 논증 방법이다. 귀납적 추론에는 특정한 종류의 개별적인 사례에서 시작해 같은 종류의 나머지 모든 사례도 같은 것이 되리라는 일시적 결론에 이르게 되는 '일반화'와 개별적인 사례들로 서로의 유사성을 추정하는 '유추'가 있다. 이 둘은 상보적인 역할을 하면서 사고의 폭을 넓히고 깊이를 디하는 데 중요한 역할을 하고 있다.

진실하지 못하거나 일방적으로 선택된 자료로부터 추리를 한다면 논리적 오류가 발생할 수 있다. 이런 오류를 피하기 위해서는 충분하고도 필요한 만큼 많은 사례가 검토되어야 한다.

유리컵 안에 물을 가득 담고 유리컵의 주둥이를 물속에 집어넣은 상태로 거꾸로 세워도 유리컵 속의 물은 내려오지 않는다. 왜 그럴까? 이것에 관한 이론을 정립한 사람이 바로 토리첼리라는 이탈리아의 과학자다. 그는 어느 날, 온도계에 사용하는 수은을 유리관 속에 가득 넣고 유리관의 주둥이를 수은 속에 집어놓은 상태로 거꾸로 세워 보았다. 그랬더니 유리관 속에 있던 수은이 위에서부터 조금씩 내려오는 것이 아닌가? 그는 유리관을 똑바로 세워 보고 옆으로도 기울여 보았지만 수은 기둥의 높이는 일정했다. 수은 기둥의 높이는 항상 76cm였다. 그때 그는 또 다른 생각을 했다. "수은의 비중이 약 13.32니까, 즉 수은이 물보다 약 13배 정도 무거우니까 수은 기둥의 높이에다 수은의 비중을 곱한다면, 물 역시 그 정도의 높이를 유지할 것이다"라고 생각한 것이다. 실제로 그렇다는 사실이 나중에 밝혀졌다. 정상적인 상태에서 물을 가득 담은 유리관을 거꾸로 세우니 그 속의 물 높이는 약 1,013cm가 되었다. 그 후 과학자들은 그것이 공기의 압력(기압) 때문이라는 것을 알아냈다. 우리가 1,013mb를 1기압이라고 하게 된 것도 그 사건 이후의 일이다. 공기의 압력을 발견한 것은 정확한 일기예보를 가능하게 했다는 점에서도 중요하다고 말할 수 있다.

토리첼리는 몇 번의 실험 끝에 '수은 기둥의 높이는 항상 76cm였다'라는 사실을 알아냈고, 그 사실을 근거로 '수은 기둥의 높이는 항상 76cm일 것이다'라는 결론을 내렸다. 이것만으로도 우리는 토리첼리의 결론이 귀납 추론의 결과라는 것을 알 수 있다. 왜냐하면 그 결론은 모든 수은 기둥을 가지고 한 실험의 결과가 아니라 단지 몇 번의 실험과 관찰 끝에 도출해 낸 일반적인 진술이기 때문이다. 이렇듯 귀납적 추론은 결론의 내용이 전제의 내용을 뛰어넘는다는 점에서 우리의 지식을 확장시켜 준다는 장점을 가지고 있다.

연역적 추론은 보편적인 법칙이나 일반적 진리를 바탕으로 특수한 사실을 이끌어내는 논증 방식이다. 귀납적 추리가 고작 개연성을 보일 수 있을 뿐인 데 비해 연역적 추리는 확실성을 보일 수 있는 장점이 있다. 연역적 추론의 가장 전형적인 경우는 '3단 논법'이다. 즉 대전제, 소전제, 결론의 과정을 거치는 논법이 가장 전형적인 연역 추리라는 말이다.

연역적 추론은 간단하면서도 강한 인상을 주지만, 결론이 참되기 위해서는 참된 전제로 이루어져야 하고, 대전제와 소전제가 적절히 연관되어야 오류를 피할 수 있다.

사랑은 떨어진 나를 - 그리고 우리를 - 다시 재결합시키는 예술이다. 두 사람을 완전히 합일시키는 지상 최고의 예술이다. 이런 뜻에서 사랑은 음악, 미술, 조각과 같은 예술이라 말할 수 있다. **(대전제 : 사랑은 예술이다.)**

그러나 진정한 예술은 기술(art)을 필요로 한다. 아무런 형식이나 기술이 필요하지 않아 보이는 피카소의 그림까지도 고도의 기술을 마스터한 사람만이 창조할 수 있는 것이다. 예술은 기교로부터 시작하여 기술을 초월하는 것이다. 기술의 측면을 통과하지 않은 사람은 예술의 경지에 도달할 수 없다. 따라서 사랑은 의술, 목수일, 자전거 타기와 같이 기술을 습득한 다음에야 예술의 단계 - 분열된 자아를 하나로 만드는 단계 - 로 승화할 수 있다. **(소전제 : 예술은 기술을 필요로 한다.)**

그러므로 사랑은 감정이 아니라 지식이다. 노련한 의사는 거의 무의식적으로 수술을 집행했다. 그러나 우리는 여기서 그가 인체의 해부학적 지식 쌓기에 굉장히 노력했었다는 과거를 잊지 말아야 한다. **(결론 : 그러므로 사랑은**

기술, 즉 지식을 필요로 한다.)

– 황필호, 『철학적 여성학』 중에서

[적용하기 3]

다음에 제시된 주장을 명제의 요건에 맞게 고쳐보라.

1) 청소년은 나라의 기둥이며, 미래를 짊어질 우리의 일
   꾼이다.

이 명제는 두 가지 판단을 가지고 있다. 둘 가운데 논의하고자 하는 하나의 주장만 선택해야 한다. 그렇지 않으면 논점이 흐려지는 글이 되기 쉽다.

2) 고학력을 가진 계층은 저학력을 가진 계층보다 행복
   하게 살아간다.

교육을 많이 받은 사람이 교육을 적게 받은 사람보다 반드시 행복하다는 법은 없다. 이는 편견이나 선입견이다.

[적용하기 4]

다음 추론에서 오류를 지적해 보라.

1) 여자는 장수한다. 약한 자는 여자다. 그러므로 약한
   자는 장수한다.

　동일한 말을 상이한 뜻으로 쓰거나 애매한 말을 쓰는 경우
오류에 빠질 수 있다. 여기서 소전제의 '약한 자'와 결론의 '약
한 자'는 동일한 말이지만 뜻이 다르다. 소전제에서는 남자에
비해 상대적으로 약하다는 뜻이며, 결론에서는 약한 자 일반
을 가리키는 것이다. 따라서 결론에 오류가 발생한 것이다.

2) 박목월의 작품 중에서 「나그네」가 최고라고 생각한다.
   왜냐하면 그 작품은 위대한 시이기 때문이다. 훌륭한
   평론가들이 모두 위대한 시라는 평가를 내렸고, 훌륭
   한 평론가야말로 위대한 문학 작품을 알아보는 사람
   이 아닌가.

　재질문이 필요하기 때문에 오류가 일어난 경우다. 여기서
'위대한 시'는 끝내 증명되지 못한 채 남아 있다. 즉, 끝없는
재질문이 제기되기 때문이다. 결과적으로 이 논증은 논증으

로서 성립하지 못한다.

    3) 3과 5는 홀수다. 8은 3과 5로 되어 있다. 그러므로 8은
       홀수다. / 모든 사람은 죽는다. 그러므로 인류가 모두
       없어질 때가 올 것이다.

  문제를 망각해 버린 경우인데, 우리가 글을 쓸 때나 일상 생활에서 매우 자주 범하는 오류 가운데 하나다. 여기에서 부분의 총합이 반드시 전체의 성격과 일치하지 않는다는 사실, 사람은 죽기도 하지만 새로 태어나는 사람도 있다는 일면을 망각하고 무시함으로써 오류가 생겨났다.

    4) 링컨은 가난했다. 가난했으니까 그는 위대한 대통령이
       되었다.

  비약이 심한 경우에도 오류를 범하게 된다. 이 글은 필요한 과정을 거치지 않고 결론을 내렸다는 점에서 비약에 의한 오류를 범하고 있다. 가난한 사람이 반드시 위대한 대통령이 된다는 아무런 보장이 서지 않기 때문이다.
  우리는 이와 같은 추론의 오류를 알고 있어야 한다. 그래야만 글쓰기에서 그와 같은 잘못을 저지르지 않을 뿐만 아

니라 상대방의 글에서 그것을 지적해 내고 논박할 수도 있을 것이다. 논박이 단순한 감정적 공격에 떨어지는 위험을 방지하기 위해서도 이와 같은 오류가 있나 없나를 잘 검토하고 오류를 지적하면서 논박할 필요가 있지 않을까?

[적용하기 5]

한 편의 글에는 한 개의 명제만 있는 것이 아니다. 자신의 주장을 논증할 때는 여러 단계를 거치게 되는데, 그 단계마다 명제가 설정되어야 한다. 다음에서 명제와 근거를 구분해 보자.

1. 서론 : 아버지와 자식의 관계가 변하고 있다.

2. 본론
 (1) 아버지와 자식의 전통적인 관계는 '명령-복종'의 수직적 관계였다.
  ① 유교 윤리에 따라 장유유서(長幼有序)의 덕목이 중시되었다.
  ② 가부장제에서 자식은 아버지에게 복종하는 것이 미덕이었다.
 (2) 오늘날에는 아버지와 자식이 친구처럼 수평적 관계

를 유지해야 한다.

① 오늘날은 수직적 관계보다 수평적 관계를 중시한다.

② 아버지와 자식 사이의 다정한 관계는 아이들 정서
순화에 도움이 된다.

3. 결론 : 아버지와 자식 사이에 수평적 관계를 유지하는
것이 바람직하다.

결론에 이르기까지 여러 단계를 거쳤다. 그 단계마다 명제
들이 설정되어 있다. 즉 '아버지와 자식의 관계가 변하고 있
다' '아버지와 자식의 전통적 관계는 수직적 관계다' '오늘날
에는 아버지와 자식이 친구처럼 수평적 관계를 유지해야 한
다' 등이 바로 그것이다. 그 명제들은 각각 논거에 의해 증명
되고 있다. ①, ②가 바로 논거다. 이렇게 적절한 논거를 들어
각각의 명제를 증명해 가다 보면 자연스럽게 결론을 증명하
게 된다.

[적용하기 6]

다음의 사실 논거를 통해 명제를 추론해 보라.

조사 결과에 따르면, 평균체중보다 10퍼센트 가량 가벼

운 사람의 사망률이 낮은 것으로 나타났다. 평균체중보다 10퍼센트 무거울 때 남자는 11퍼센트, 여자는 7퍼센트의 수명 감소를 가져온다. 이러한 조사보고는 우리가 체중조절을 위해 힘써야 한다는 사실을 말해 준다.

효과적인 표현 방식의 활용

글이란 아름다움도 갖추어야 한다. 글의 아름다움은 내용의 진실성에서 나오기도 하고, 구성의 탄탄함에서 나오기도 하며, 그 표현의 아름다움에서 나오기도 한다. 글의 아름다움은 이들이 합해져서 풍기는 인상이지만, 이제 표현법의 활용에 대해 생각해 볼 차례다.

추상적인 것을 선명하게 표현하기

잘 알지 못하는 사물을 설명하려고 하거나 추상적인 마음의 상태를 눈에 보이듯 선명하게 느끼게 하고 싶을 때, '비유'라는 표현 기교를 활용할 수 있다. 비유는 두 가지 이상의 심상을 연결하는 표현 기교다.

드러내고자 하는 본래의 내용을 '원관념', 이를 더 잘 표현하기 위한 도구로서 동원되는 내용을 '보조관념'이라고 부른다. 비유의 원관념은 '쟁반 같이 둥근 달'에서와 같이 하나의 사물일 수도 있고, '외로움은 석양을 등지고 서 있는 산마루의 전신주'에서처럼 하나의 느낌일 수도 있으며, '인생은 연극이다'의 경우처럼 하나의 사태일 수도 있다.

자신의 생각을 명시적이고 논리적으로 진술하는 논술문에서는 비유를 너무 자주 사용하지 않는 것이 좋다. 그러나 논리를 펴는 글에서도 적절하게만 활용한다면, 비유는 글쓴이의 의도를 명쾌하게 해주기도 한다.

단기 자본으로 돈벌이를 위해 국경을 넘나드는 외국 투자자들의 속성은 초원에서 풀을 뜯는 얼룩말이나 사슴 떼와 같다. 한가히 풀을 뜯다가도 한 마리가 놀라 뛰기 시작하면 무리들은 덩달아 뛴다. 어디에 적이 나타났는지도 모르고 일단 뛰고 본다. 행동이 굼뜬 놈이 항상 적의 먹이가 되는 야생의 현실에서 얻는 생존의 지혜이리라.

그럼 이번에 이들을 놀라게 한 것은 무엇이었을까? 외국인들은 무엇보다도 정부 정책의 잘못과 위기관리 능력에 대한 불신을 꼽는다. 한국이라는 초원은 매력적이지만 초원 관리 정책에 일관성이 없는 데다 규제가 너무 많아 풀이 제대로 자라기 힘들고 풀을 뜯기도 매우 어려웠다.

- 송병락, 「밖에서 보는 한국시장」 중에서

평범하고 진부한 비유는 삼가야 한다. 비유를 위한 비유는 글의 생동감을 살리지 못하고 글맛을 떨어뜨린다. 표현하고자 하는 의미가 돋보이는 새롭고 신선한 비유가 되도록 해야 한다. 참된 비유를 얻기 위해서는 사물의 본질을 꿰뚫어 보는 직관과 통찰력이 필요하다.

중요한 부분을 두드러지게 표현하기

의미를 강하고 두드러지게 표현하기 위해서는 과장이나 영탄(詠歎), 반복과 문답 등을 사용한다. 강조를 효과적으로 하면 전체 글에 리듬이 살고 숨결이 통하는 경우가 많다. 영탄과 반복은 기본적인 강조법이다. 이를 조금 더 발전시킨 것이 열거와 점층법이다. 강한 대비의 효과를 얻기 위해 쓰는 '대조'와 사실을 그 이상으로 부풀리는 '과장'도 강조의 방법이다. 그런데 설명이나 논증의 글에서는 거의 사용하지 않는다.

머리 좋은 것이 마음 좋은 것만 못하고, 마음 좋은 것이 손 좋은 것만 못하고, 손 좋은 것이 발 좋은 것만 못한 법입니다. 관찰보다는 애정이, 애정보다는 실천적 연대가, 실천적 연대보다는 입장의 동일함이 더욱 중요합니다. 입장의 동일함, 그것은 관계의 최고의 형태입니다.

— 신영복, 『감옥으로부터의 사색』 중에서

매끄럽고 변화 있게 표현하기

글의 단조로움을 피하고 신선함을 주기 위해 변화를 주는 표현 방식을 '변화법'이라고 부른다. 문장에 변화를 주는 목적이 대개 강조에 있으므로 크게 보면 강조법에 속할 것이나 강조법과 다른 점은 문장이라는 층위에서의 수사법이라는 점이다.

문장에 변화를 주는 전형적 보기로는 '도치'가 있다. 그리고 평서문의 연속일 경우 중간에 의문문을 두어 독자나 청중의 주의를 환기시키는 '설의'와 '문답' 역시 변화를 주고자 쓴 수사적 기교이다. 그 외에도 대구나 경구를 쓰거나 반어를 사용하고 남의 말을 인용하는 것도 여기에 포함시키는 경우가 있다. 이런 여러 가지 방법이 다채롭게 사용되는 곳은 연설문이다. 반면에 설명이나 논증의 글에서는 이들이 절제되어 쓰인다.

한국은 경제 선진국을 보면서 그들이 현재 어디에 있으며 그들이 앞으로 어디로 향할지도 파악해야 한다. 경제 선진국은 계속 변신하고 있기 때문이다. 그들은 번데기 껍데기를 벗고 나비가 되어 훨훨 날아다닐 준비를 하고 있는데, 한국은 그저 애벌레 모습에 취해 조금씩 더 큰 번데기가 되어 가는 것을 기뻐했고, 버려진 번데기 껍데기에 미련이 많았다. 이제 우리는 스스로 껍데기를 벗고 나비가 되어 날 준비를 해야 한다.

- 조벽, 「날아라 나비야」 중에서

[적용하기 7]

다음 글에 사용된 표현기법을 찾아내고, 그 효과를 설명 해 보자.

대학원에 입학하는 것은 학생 노릇을 그만두고 학자가 되겠다고 하는 선택이다. 구경꾼 노릇으로 만족하지 않고, 선수가 되겠다고 결단을 내린 것이다. 학생은 이미 있는 지식을 습득해서 이용하지만, 학자는 아직 없는 지식을 개발 한다. 학생은 이미 있는 지식을 선별할 줄 아는 소비자의 지혜를 가져야 하지만, 학자는 없는 지식을 만들어내는 생 산자의 능력을 길러야 한다. 그런데도 학자 노릇을 학생처 럼 하는 풍조가 크게 유행한다. 대학원에서 학자가 되는 훈 련을 받고 있으면서 학생의 습성에 매달린다.

- 조동일, 「우리 학문의 길」 중에서

대학원생의 역할을 구경꾼과 선수에 비유하고, 학생과 학 자를 생산자와 소비자에 견주었다. 그런가 하면, 대조를 통한 강조와 대구에 의한 변화를 주어 학자가 되고자 하는 대학원생의 임무를 더욱 선명하게 드러내는 효과를 가져왔다.

[적용하기 8]

'출퇴근 시간에 전철을 타고 가는 사람들의 표정'에 대해 적당한 비유를 써서 한 문단으로 표현해 보자.

참고문헌

김영재,『사고력 : 이론, 개발과 수업』, 교육과학사, 1998.

김영택,『문장작성의 이론과 실제』, 목원대학교 출판부, 1996.

김원중·신태수,『인문학문의 과제와 창조적 글쓰기』, 만인사, 2000.

명인진,『생각하는 방법의 세계』, 인간과 자연사, 1999.

박영목 외,『국어과 교수 학습론』, 교학사, 2001.

송준호,『문장부터 바로 쓰자』, 태학사, 1998.

서정수,『생각하는 힘을 기르는 문장력 향상의 길잡이』, 동광출판사, 2001.

성하성,『내가 한 글쓰기 수업, 누구나 할 수 있게』, 나라말, 2001.

양진오,『산문의 수사학』, 태학사, 1999.

여세주,『논리적 글쓰기 이렇게 하면 쉽다』, 푸른사상, 2006.

이상태 외 2인,『작문의 이론과 실제』, 정림사, 1998.

전상국 외,『글쓰기의 원리와 실제』, 북스힐, 2001.

정기철,『논술교육과 토론』, 역락, 2001.

조동일,『발상의 전환에서 창조의 결실까지』, 인간과 자연사, 2001.

최현섭 외,『구성주의 작문 교수 학습론』, 박이정, 2000.

최현섭 외,『창의적인 쓰기 수업 어떻게 할까?』, 박이정, 2001.

한국글쓰기교육연구회,『글쓰기 교육의 이론과 실제』, 온누리, 1990.

한효석,『이렇게 해야 바로 쓴다』, 한겨레 신문사, 1995.

허병두,『문제는 창조적 사고다』, 한겨레신문사, 1996.

홍순성,『문장표현론』, 계명대학교 출판부, 2004.

로버트 스콜즈 외, 김창식 옮김,『글쓰기의 길라잡이』, 세종출판사, 1995.

벤틀리·하트웰, 이을한 외 편역,『글을 어떻게 쓸 것인가』, 경문사, 1990.

앰브로스 비어스, 유소영 옮김,『악마의 사전』, 정민, 2000.

캐슬린 E. 설리반, 최현섭 옮김,『문단훈련』, 선일문화사, 1990.

Barbara Z. Boonl, *Tools for Writing*, Corwin press, Inc., 1996.

Gail E. Tompkins, *Teaching Writing*, Merrill Publishing Company, 1990.

큰글자 살림지식총서 151

효과적인 설득을 위한 **논리적 글쓰기**

펴낸날	초판 1쇄 2019년 3월 1일

지은이	여세주
펴낸이	심만수
펴낸곳	(주)살림출판사
출판등록	1989년 11월 1일 제9-210호

주소	경기도 파주시 광인사길 30
전화	031-955-1350　 팩스 031-624-1356
홈페이지	http://www.sallimbooks.com
이메일	book@sallimbooks.com

ISBN	978-89-522-4030-9　 04080
	978-89-522-3549-7　 04080 (세트)

※ 이 책은 큰 글자가 읽기 편한 독자들을 위해
　 글자 크기 14포인트, 4×6배판으로 제작되었습니다.